# Tratamento Espiritual de Choque

# Tratamento Espiritual de Choque

*Caia na Real com Jesus*
*Devocional para Adolescentes*

De Ron Luce

Traduzido por Degmar Ribas
1ª Edição

CPAD

Rio de Janeiro
2010

Título do original em inglês: *Spiritual Shock Treatment*

Albury Publishing, Tulsa, Oklahoma, EUA

Primeira edição em inglês: 1998

Tradução: Degmar Ribas

Preparação dos originais: Gleyce Duque

Revisão: Verônica Araujo

Capa: Marlon Soares

Adaptação de projeto gráfico e editoração: Fagner Machado

CDD: 242 - Devocional

ISBN: 978-85-263-1036-0

As citações bíblicas foram extraídas da versão Almeida Revista e Corrigida, edição de 1995, da Sociedade Bíblica do Brasil, salvo indicação em contrário.

Para maiores informações sobre livros, revistas, periódicos e os últimos lançamentos da CPAD, visite nosso site: http://www.cpad.com.br

SAC — Serviço de Atendimento ao Cliente: 0800-021-7373

Casa Publicadora das Assembleias de Deus

Caixa Postal 331

20001-970, Rio de Janeiro, RJ, Brasil

1ª edição: 2010

## PREFÁCIO

Desejamos que você tenha ótimos momentos à medida que abre o seu coração completamente, permitindo que Deus reconstrua o seu interior, como um cirurgião, para lhe tornar o homem ou a mulher que Ele deseja que você seja. Por que Ele está fazendo isso? Para que você seja capaz de mudar este mundo!

# Sumário

# PARTE UM

# Caia na Real

É hora de você se apropriar de Deus,

com tudo o que você puder — e não mais

soltar. É hora de ver Jesus face a face,

e perceber que Ele é a única

razão para viver.

# Capítulo 1

# Caia na Real

## Como Você Sabe que Jesus É Real?

*Mas não me envergonho,*
*porque eu sei em quem tenho crido.*
*2 Timóteo 1.12*

## Dia 1

## A Realidade de Jesus

Nós, que fomos criados na igreja, de certa forma aceitamos que Jesus existe. Nós ouvimos falar sobre Ele durante toda a nossa vida. Nós ouvimos as pessoas falando sobre Ele. Nós ouvimos os ministros pregando sobre Ele. Os nossos pais nos contaram sobre Ele. Assim, nós sempre soubemos que Ele é real.

*Mas como você sabe que Ele é real?*

**E, chegando Jesus às partes de Cesareia de Filipe, interrogou os seus discípulos, dizendo: Quem dizem os homens ser o Filho do Homem? E eles disseram: Uns, João Batista; outros, Elias, e outros, Jeremias ou um dos profetas. Disse-lhes ele: E vós, quem dizeis que eu sou? E Simão Pedro, respondendo, disse: Tu és o Cristo, o Filho do Deus vivo. E Jesus, respondendo, disse-lhe: Bem-aventurado és tu, Simão Barjonas, porque não foi carne e sangue quem to revelou, mas meu Pai, que está nos céus.**

**Mateus 16.13-17**

Jesus não ficava convencendo Pedro ou qualquer outra pessoa de que Ele era o Filho de Deus. Ele não dizia continuamente às pessoas: "Eu sou o Filho de Deus. Eu realmente sou, realmente, realmente, realmente, realmente sou o Filho de Deus". Basicamente, Jesus estava dizendo a Pedro: "Eu não me importo com a opinião dos outros, mas com a opinião de vocês. Quem vocês acham que Eu sou?"

Saber que Jesus é o Filho de Deus é mais do que simplesmente estar convencido, e mais do que estar logicamente persuadido. Jesus disse a Pedro que a lógica humana não o convenceria disso, mas o Pai revelou a Ele. Os olhos espirituais de Pedro foram abertos, e ele pôde ver o que era verdade e o que não era — o que era real e o que não era real. Pedro presenciou a verdade e a realidade de Deus, e isto era algo que ele nunca seria capaz de esquecer.

A *realidade* de Jesus deve ser a base da nossa fé. Ele deve ser a base do nosso cristianismo. Qualquer coisa que contradiga essa realidade viva é falsa — diante de toda a lógica, diante de todos os blasfemos, diante de todos os que zombam de nós e nos ridicularizam. Se sabemos que Jesus é real, nada mais importa.

Peça que o Senhor abra os seus olhos, como fez com os de Pedro, para que você possa ver por si mesmo que Jesus é real. A seguir, pergunte a você mesmo: "Como eu sei que Jesus é real?"

______________________________

______________________________

______________________________

______________________________

**LISTA DE TAREFAS:**

- ☐ Hoje, leia Mateus 1.
- ☐ Passe algum tempo louvando e adorando a Deus.
- ☐ Hoje, ore por sua própria vida e pelo seu dia.
- ☐ Ore por sua família, por seus amigos e pelas autoridades.
- ☐ Ore pelas pessoas do mundo que ainda não são salvas.
- ☐ Pergunte a Deus se Ele deseja que você saia em uma viagem missionária nas próximas férias.

# Caia na Real

## Como Você Sabe que Jesus É Real?

### Dia 2

## Evidência de uma Vida Transformada

Muitas pessoas usam as Escrituras para provar o fato de que Deus está vivo e é real. Elas ouviram versículos da Bíblia sobre Deus, nas aulas da Escola Dominical, ou no seu grupo de jovens. Elas dizem as palavras corretas, e parecem falar sobre Deus como se fossem próximas dEle. O problema é que elas parecem falar sobre *um* amigo, e não sobre o *seu* amigo. Tais pessoas falam sobre Deus como se Ele fosse alguém de quem elas ouviram falar, e não como alguém que elas encontraram e conheceram. Elas até podem dizer que têm um relacionamento pessoal com Ele, e citar as Escrituras, para comprovar o que dizem, mas quando você olha nos olhos delas, você não vê a evidência de uma vida transformada.

**Tendo aparência de piedade, mas negando a eficácia dela.**

**2 Timóteo 3.5**

As pessoas que têm uma aparência de santidade, mas que negam o poder de Deus, de certa forma estão próximas de Deus, ou falam de Deus, mas na realidade não têm poder na sua vida. Se elas tivessem o poder de Deus operando em suas vidas, você veria algumas transformações ocorrendo. A pergunta que eu quero propor hoje é: "Você tem a evidência de uma vida transformada?"

Se Jesus realmente é real, então quando você falar sobre Ele, não deve falar sobre o amigo de um amigo, mas sobre o *seu* amigo. Você deve ser capaz de se referir a experiências pessoais, de quando Ele realmente transformou a sua vida.

Você pode dizer: "Oh, sim, Ele transformou a minha vida". Mas *como* Ele transformou a sua vida? Você *acha* que Ele transformou a sua vida porque todos dizem a você que, quando você fez a oração de salvação, Ele transformou a sua vida? Ou você *sabe* que Ele transformou a sua vida, porque, quando você o encontrou, todo o seu coração se transformou, a sua direção mudou, e as suas paixões na vida modificaram? Você pode dizer que Ele o deteve no seu caminho, e você nunca mais foi a mesma pessoa desde então?

As igrejas estão cheias de pessoas que falam muito sobre Deus e sobre como Jesus transformou as suas vidas, mas não parece haver nenhuma evidência. De vez em quando, você se encontrará com alguém que pode não conhecer todas as Escrituras, nem o que a Bíblia tem a dizer sobre certas coisas, mas quando você olha nos olhos dessa pessoa e ouve a maneira como ela fala sobre Deus, você percebe que um milagre aconteceu na vida dela. Essas pessoas são muito felizes, muito modificadas, e muito diferentes. Elas são tão felizes que, às vezes, parecem estúpidas!

Você tem a *evidência* de uma vida transformada? Dê uma boa olhada na sua vida hoje — a maneira como você fala, como você age, como você pensa — e escreva as coisas que Jesus transformou.

___________________________________

**LISTA DE TAREFAS:**

- ☐ Hoje, leia Mateus 2.
- ☐ Passe algum tempo louvando e adorando a Deus.
- ☐ Hoje, ore por sua própria vida e pelo seu dia.
- ☐ Ore por sua família, pelos seus amigos e pelas autoridades.
- ☐ Ore pelas pessoas do mundo que ainda não são salvas.
- ☐ Pergunte a Deus se Ele deseja que você saia em uma viagem missionária nas próximas férias.

## Caia na Real

### Como Você Sabe que Jesus É Real?

## Dia 3

### Indo com a Maré

A religião pode ficar velha. Eu já vi muitas pessoas atendendo ao chamado do altar, orando para entregar a sua vida a Jesus; elas ficam entusiasmadas por uma semana ou duas, e depois a religião fica velha. Por quê? Se Jesus realmente é o Senhor do universo, o Filho do Deus vivo, como um relacionamento com Ele pode ficar velho ou caducar? Isto tem a ver conosco, como seres humanos. Não é culpa de Deus; é *nossa* culpa. Como seres humanos, é fácil que alguma coisa fique velha para nós.

Pense no seu relacionamento com os seus amigos. Se você não trabalhar constantemente para desenvolver essas amizades, elas ficam velhas, monótonas, chatas, e secas. Muitos maridos e esposas sentem que precisam mudar, e conseguir outro parceiro ou parceira, porque estão entediados com o cônjuge atual. O seu casamento fica velho, porque eles não continuam trabalhando para mantê-lo fresco. Só porque você é casado ou porque tem um parentesco sanguíneo, isto não significa que o seu relacionamento sempre será fresco e real.

Indo com a Maré

Os seres humanos têm uma tendência ao tédio. É por isso que a indústria da propaganda sempre precisa inventar novos anúncios e novos produtos; nós não gostamos de ver a mesma coisa várias vezes. Não somos máquinas. Somos criaturas vivas, com mentes ativas; somos seres que desejam se divertir, e ser hipnotizados, e seduzidos.

Como um relacionamento com o Deus vivo pode ficar velho? Se nós não conservarmos essa ligação de coração a coração com Ele, em que somos honestos, reais e abertos, então estamos simplesmente indo com a maré. É nossa responsabilidade procurar no fundo de nós mesmos e nos apresentar a Deus de maneira regular. Bastam 24 horas para que um relacionamento vibrante com Deus fique velho. Fique longe de Deus e não fale com Ele por algum tempo — e de repente, Ele parecerá monótono.

Quando os cristãos se recusam a conservar seus corações abertos, limpos e justos diante de Deus, o seu andar com Ele pode cair na rotina. Eles culpam a Deus porque a sua vida não é muito emocionante. Eles adotam um conjunto de regras e regulamentações, e o seu cristianismo se torna algo totalmente tradicional e ritualista, em lugar de ser um relacionamento vivo e vibrante com Jesus. Eles reduzem o que antes era vivo, apaixonado, e emocionante a uma lista de "faça isso, não faça aquilo", e o mundo olha para isso e diz: "Esqueça, eu não quero ser assim. Eu não preciso de mais regras". Mas o cristianismo não tem a ver com regras — ele tem a ver com a realidade do Deus vivo, que transforma completamente a sua vida de maneira regular.

Você está apenas indo com a maré? Abra o seu coração hoje e diga: "Deus, eu preciso cair na real contigo. Eu não Te quero apenas no meu cérebro ou na minha cabeça, eu Te quero no centro do meu coração. Eu quero que Tu sejas real, agora mesmo, hoje".

Agora, faça uma lista de coisas que você pode fazer para conservar o seu relacionamento com Jesus apaixonado e renovado.

________________________________________

## LISTA DE TAREFAS:

- ☐ Hoje, leia Mateus 3.
- ☐ Passe algum tempo louvando e adorando a Deus.
- ☐ Hoje, ore por sua própria vida e pelo seu dia.
- ☐ Ore por sua família, pelos seus amigos e pelas autoridades.
- ☐ Ore pelas pessoas do mundo que ainda não são salvas.
- ☐ Pergunte a Deus se Ele deseja que você saia em uma viagem missionária nas próximas férias.

# Caia na Real

## Como Você Sabe que Jesus É Real?

## Dia 4

### Como Andar de Bicicleta

Você já encontrou uma pessoa que agisse como se realmente soubesse como fazer alguma coisa, mas depois de algum tempo, você começou a se perguntar se ela realmente sabia? Algumas vezes, isto acontece, quando você conversa com alguém que diz ser cristão. Essas pessoas são, de certa maneira, cristãs em suas cabeças, mas realmente encontraram Jesus? Elas dizem que têm um "relacionamento pessoal" com Ele, dizem que foram à igreja durante toda a sua vida, dizem que fizeram a oração para a salvação, mas a maneira como falam sobre Deus faz com que você se pergunte se elas realmente o encontraram.

Como seria, se você tentasse dizer a alguém como andar de bicicleta, se você mesmo nunca andou? Você já viu as pessoas andando de bicicleta, você conversou com outras pessoas que já andaram de bicicleta, você leu livros sobre como andar de bicicleta, mas você nunca andou. Ainda assim, de alguma maneira você julga que conhece o suficiente para dizer a outra pessoa como andar de bicicleta. É assim que alguns cristãos são. Eles não sabem o que a Bíblia diz sobre um relacionamento pessoal, mas falam sobre um relacionamento pessoal. Eles podem até mesmo conhecer as passagens das Escrituras que falam sobre ter um relacionamento pessoal, mas realmente se encontraram com Deus?

Algumas vezes me incomoda quando as pessoas dizem que têm um *relacionamento pessoal* com Jesus. Pense por um segundo. Se você é amigo íntimo de Joe, ou é o melhor amigo dele, você diz: "Eu tenho um *relacionamento pessoal* com Joe?" Não, — você diz: "Ele é o meu melhor amigo". Mas nós expressamos o nosso cristianismo com palavras como *relacionamento pessoal*, para que possamos sentir como se tivéssemos alguma coisa com Deus, quando talvez não haja grande coisa.

Nós consideramos a atitude de fazer uma oração para a salvação de maneira muito casual. Com as mãos nos bolsos, nós arrastamos os pés e dizemos: "Sim, eu tenho este relacionamento com Deus", mas nós realmente o encontramos? Nós poderíamos encontrar *acidentalmente* Michael Jordan, e dizer: "Eu acho que tenho um relacionamento pessoal com ele"? Se tivéssemos encontrado Michael Jordan, não haveria a menor dúvida em nossa mente sobre quem nós encontramos e até que ponto o conhecemos.

Se você realmente encontrou Jesus, você não ficará dizendo: "Sim, eu tenho um relacionamento pessoal", com uma voz monótona. Não, o momento em que você encontrou o Rei dos reis e Senhor dos senhores ficará marcado no seu cérebro pelo resto da sua vida! Esse momento terá ligado o seu coração ao coração dEle, e você se lembrará eternamente de que esse foi o dia na história que transformou a sua vida para sempre. A partir daquele momento, você nunca mais foi a mesma pessoa.

**Mas a todos quantos o receberam deu-lhes o poder de serem feitos filhos de Deus: aos que creem no seu nome.**

**João 1.12**

Nós dizemos que recebemos o Senhor em nosso coração, mas o que isso realmente significa? De alguma maneira, nós permitimos que Ele entrasse? O significado em grego da palavra 'receber' é apoderar-se de, agarrar, obter, e tomar posse. (Veja a obra de James Strong, *The Exhaustive Concordance of the Bible* [Nashville: Abingdon, 1890], "Greek Dictionary of the New Testament", #2983). A questão é, nós não recebemos o Senhor *mais ou menos*, e não podemos ter um relacionamento *mais ou menos* com Ele. Nós temos de nos apegar a Jesus.

Pense no exemplo da bicicleta. Jesus não quer que fiquemos *falando* sobre a bicicleta, Ele quer que nós *andemos* na bicicleta. Ele não quer que *digamos* às pessoas que é agradável ter um relacionamento, Ele quer que nós *tenhamos* um relacionamento. Ele quer que nos conectemos, que o agarremos e não o soltemos mais.

Você já *agarrou* Jesus? Você já se apoderou dEle, ou você está falando sobre Ele da mesma maneira como estaria falando sobre uma bicicleta em que nunca andou? Hoje é o dia de andar de bicicleta! Hoje é o dia para agarrá-lo, para agarrar Jesus com toda a energia que você tiver, para envolvê-lo com a sua vida, e nunca soltá-lo. Descreva o momento em que você agarrou Jesus — mesmo que tenha sido agora mesmo.

______________________________
______________________________
______________________________
______________________________

## LISTA DE TAREFAS:

- ☐ Hoje, leia Mateus 4.
- ☐ Passe algum tempo louvando e adorando a Deus.
- ☐ Hoje, ore por sua própria vida e pelo seu dia.
- ☐ Ore por sua família, pelos seus amigos e pelas autoridades.
- ☐ Ore pelas pessoas do mundo que ainda não são salvas.
- ☐ Pergunte a Deus se Ele deseja que você saia em uma viagem missionária nas próximas férias.

# Caia na Real

## Como Você Sabe que Jesus É Real?

## Dia 5

### Pendurado em uma Camisa

Como você sabe que Jesus é real? Pense nisso. Muitas pessoas creem que Jesus é real, porque os seus pais sempre lhes disseram que Ele é real. O seu pastor diz que Ele é real, o líder dos jovens diz que Ele é real, os pregadores do rádio e da televisão dizem que Jesus é real. Como podem todas estas pessoas estarem erradas? Ele deve ser real. Como resultado, temos muitas pessoas que creem porque outras pessoas creem. Mas elas não creem que Jesus é real porque *sabem* que Ele é real, elas apenas supõem que isso seja verdade, porque todos sempre disseram que é verdade.

Já é hora de você pensar nisso, e chegar a esta percepção por conta própria.

Às vezes, você não questiona aquilo que os seus pais ou o seu pastor creem ser verdade, mas para que nós realmente nos conectemos e permaneçamos conectados com Jesus, precisamos questionar. O cristianismo é realmente verdade?

Você crê que Jesus é real porque *você sabe* que isso é verdade, ou você crê nisso porque outra pessoa disse que é verdade? Pense nisso cuidadosamente, porque a sua resposta pode determinar se você tem uma vida cristã seca, monótona, tediosa, chata, estagnada, petrificada, ou se você tem um encontro transformador de vida com o Deus vivo.

Você está pendurado na camisa de seus pais e de outras pessoas? Você crê nestas coisas porque todos dizem que você deveria crer nelas, ou você crê que Jesus é real porque sabe, lá no fundo do seu coração, que Jesus é real e que Ele transformou a sua vida? Agora mesmo, é o momento de pisar nos freios e perguntar a si mesmo: "Como eu sei que Ele é real?" Ele é real para você, ou você está confiando na fé de outra pessoa?

Como você sabe se está andando na sua própria fé, em lugar de se apoiar na fé de outra pessoa? Quando você, por si mesmo, descobre que Jesus é real, não há nada que qualquer outra pessoa possa realizar para fazer com que você o rejeite, duvide dEle, ou deixe de segui-lo. Você descobriu aquEle que é real.

Examine-se agora mesmo, para ver se existe alguma coisa que alguém pudesse dizer ou fazer, ou se há alguma coisa que pudesse acontecer, que fizesse você duvidar que Jesus é real. Se não existe, ótimo!

Mas se existe alguém ou alguma coisa que possa persuadi-lo a se afastar de Jesus, então eu estou dizendo a você, neste exato momento, que você não o encontrou realmente. Conte tudo a Ele — as suas dúvidas, os seus temores, as suas mágoas, os seus sonhos.

Dúvidas ______________________________________________

______________________________________________________

Temores ______________________________________________

______________________________________________________

Mágoas ______________________________________________

______________________________________________________

Sonhos ______________________________________________

______________________________________________________

Peça a Ele que entre no seu coração e transforme a sua vida para sempre. Eu lhe asseguro, Ele virá, e você nunca mais será a mesma pessoa.

As respostas de Deus

________________________________________

________________________________________

________________________________________

________________________________________

________________________________________

## LISTA DE TAREFAS:

- ☐ Hoje, leia Mateus 5.
- ☐ Passe algum tempo louvando e adorando a Deus.
- ☐ Hoje, ore por sua própria vida e pelo seu dia.
- ☐ Ore por sua família, pelos seus amigos e pelas autoridades.
- ☐ Ore pelas pessoas do mundo que ainda não são salvas.
- ☐ Pergunte a Deus se Ele deseja que você saia em uma viagem missionária nas próximas férias.

Dia 6

## Racional, Sincero, mas não Salvo?

Nós ouvimos o que foi dito: "Se você apenas aceitar a Jesus Cristo como seu Salvador, você será salvo". Mas o que isso significa? Você sabe que a Bíblia nunca nos pede para *aceitar* a Cristo? Isso não está nas Escrituras. Quando nós usamos as palavras "aceitar a Cristo", parece que estamos fazendo um favor a Cristo. *Bem, Jesus realmente não tem muita aceitação neste mundo, e pode ser que Ele tivesse pouca autoestima, e por isso precisamos aceitá-lo.*

Você é um cristão passivo se disser: "Eu vou aceitar Jesus, desde que eu não tenha que mudar nada na minha vida. Eu vou apenas me sentar aqui e aceitá-lo".

**Porque todo aquele que invocar o nome do Senhor será salvo.**

**Romanos 10.13**

O cristianismo passivo é crer (na mente) naquilo que o pregador e a Bíblia dizem, e sinceramente pensar que é verdade, mas nunca se comprometer. O nosso objetivo não é apenas crer, mas crer tanto, que invoquemos o nome do Senhor, de modo que sejamos salvos — todos os dias, a cada dia. Nós cremos tanto que entregamos toda a nossa vida a Ele.

O que significa, realmente, tornar-se um cristão? Aceitar a Cristo é algo que Deus nunca pediu que ninguém fizesse. Eu penso que aquilo que muitas pessoas querem dizer é que, ao aceitar a Cristo, elas desejam aceitar o perdão. Contudo, a maneira como nós conquistamos o perdão é buscando Jesus e dizendo: "Eu entrego a minha vida". Você encontrará muitas pessoas que creem em tudo o que a Bíblia diz, com a sua mente, mas isso significa que estas pessoas estão realmente salvas? Elas entregaram realmente a sua vida a Jesus e realmente permitiram que Ele se apossasse dela?

A Bíblia diz, em Lucas 6.46: **E por que me chamais Senhor, Senhor, e não fazeis o que eu digo?** Muitos invocam Jesus, o Senhor, sinceramente mas não fazem o que Ele lhes pede que façam. Quantas pessoas vão à igreja todos os domingos, e chamam Jesus de seu Senhor, mas na realidade, não fazem o que Ele pede?

Jesus pede cada parte de nós, não apenas o nosso cérebro, mas o nosso coração, a nossa vida, a nossa alma, a nossa paixão, e cada milímetro de quem somos. Ele deseja orientar a sua vida para onde Ele seja o centro, e não para onde nós sejamos o centro. Isso vai além de simplesmente crer na sua mente. O comprometimento com Jesus transforma verdadeiramente o nosso coração e a orientação para a nossa vida.

O que eu estou realmente dizendo aqui? Se você entregou a sua vida a Jesus, e se Ele é verdadeiramente real para você, e o centro da sua existência, você andaria por aí amaldiçoando, embriagando-se ou drogando-se, ou tendo sexo fora do casamento? Você faria mexericos sobre uma pessoa e então, no minuto seguinte, agiria como se essa pessoa fosse a sua melhor amiga? Você colaria em uma prova na escola, ou roubaria um CD de uma loja? Você mentiria para os seus pais, dizendo que não está se sentindo bem, para que não tivesse de ir à escola?

Quando você realmente encontra Jesus e entrega a sua vida a Ele, você deseja algo mais do que simplesmente agradá-lo, fazer o que

Ele lhe diz na sua Palavra para que você faça, e seguir a liderança do Espírito Santo dentro de você.

Ele realmente transformou a sua vida? Escreva algumas das principais mudanças que aconteceram.

________________________________________

________________________________________

________________________________________

________________________________________

Se você não conseguir escrever nada, provavelmente você não entregou verdadeiramente a Ele tudo o está no seu interior. Faça-o agora mesmo!

## LISTA DE TAREFAS:

- ☐ Hoje, leia Mateus 6 e 7.
- ☐ Passe algum tempo louvando e adorando a Deus.
- ☐ Hoje, ore por sua própria vida e pelo seu dia
- ☐ Ore por sua família, pelos seus amigos e pelas autoridades.
- ☐ Ore pelas pessoas do mundo que ainda não são salvas.
- ☐ Pergunte a Deus se Ele deseja que você saia em uma viagem missionária nas próximas férias.

Caia na Real

Como Você Sabe que Jesus É Real?

# Dia 7

## Convencido, mas não Convertido?

Quando eu tinha dezesseis anos de idade, e corri para Jesus, eu sabia que nunca mais seria a mesma pessoa. Eu senti a presença de Deus na igreja, e quando entreguei a minha vida a Ele, eu fiquei totalmente fanático por Jesus, com todo o meu coração. Eu sabia que tinha sido transformado. Eu estava diferente, e não me preocupava com o que qualquer pessoa pensasse sobre mim. Eu não estava apenas convencido em minha cabeça, eu sabia, em meu coração, que Ele era real. Eu entreguei a minha vida a Jesus e, como resultado, Ele transformou o meu coração, e desde então nunca mais fui o mesmo.

O que eu acabo de descrever não acontece com aqueles que concordam apenas mentalmente com o que está escrito na Bíblia. Eles estão convencidos de que ser cristão é realmente o caminho certo, por causa do que alguém lhes dissera, talvez um pregador ou um amigo. Mas eles estão *convertidos*? Embora eles concordem com tudo o que o pregador diz, ou tudo o que você lhes diz que a Bíblia diz, você não consegue olhar nos olhos deles e ver uma transformação fanática radical.

Talvez eles não tenham entregado a sua vida completamente a Jesus.

**Tu crês que há um só Deus? Fazes bem; também os demônios o creem e estremecem.**

**Tiago 2.19**

Até mesmo os demônios acreditam que Jesus é real e está vivo! Eles até tinham medo dEle, mas obviamente não entregaram as suas vidas a Jesus, nem foram transformados de jeito nenhum. Portanto, a pergunta que você deve fazer a si mesmo nesta semana é esta: "Eu apenas creio, na minha cabeça, ou Jesus realmente transformou a minha vida? Eu sou um cristão mental, ou um cristão transformado? Eu sou racional ou estou realmente salvo? Eu estou convencido ou convertido?"

Se você está *convencido*, por causa de algum pregador, então alguém virá e convencerá você de outra coisa. Se um pregador convence você a viver para Deus, então a pressão do mundo ou dos colegas pode convencê-lo a não viver para Deus. O ciclo continua permanentemente. Outro avivamento ou outro evangelista aparece e convence você a viver para Deus — até que o mundo convença-o do contrário.

Não é uma questão de lógica. É uma questão de "Jesus é o Senhor" tão real que você entrega a sua vida a Ele, e ela se transforma completamente. Ele transforma você, de dentro para fora. Você recebe um coração novo e uma vida nova. Você quase não consegue descrever isso em palavras humanas, porque é um milagre que acontece no seu interior, no momento de sua conversão.

Esta é a ideia de ser convertido: se você converte alguma coisa elétrica, de 120 volts a 220 volts, você converteu-o para uma fonte de energia diferente. Quando você se converte a Jesus, a sua fonte de energia muda. Você é transformado no interior, e tem poder de Deus para viver a sua vida.

Até agora, você acreditou na Bíblia na sua cabeça, mas não pensa realmente que a sua vida tenha se modificado. Ou talvez você já teve essa realidade no seu coração, mas o fogo se apagou. Agora, é apenas um processo mental. Se você sabe que é verdade na sua mente, e deseja que Jesus transforme a sua vida, agora é o momento de dizer: "Eu não vou deixar que passe nem um dia a mais sem ser transformado".

Pise nos freios da sua vida e diga: "Jesus, eu preciso que Tu sejas real para mim". "Eu preciso que transformes a minha vida".

Você mergulha na parte mais profunda do seu coração e ora estas palavras? Torne-as reais, entre você e Jesus.

*Senhor Jesus, eu estou cansado de saber apenas na minha mente que Tu és real. Eu preciso que transformes a minha vida. Eu peço que agora venhas e assumas o controle. Eu te dou todas as partes do meu coração, todas as partes da minha alma, todas as partes da minha mente, e todas as partes da minha vida. Já não sou eu quem está no controle, és Tu. Transforma-me, de dentro para fora. Dá-me um novo coração. Realiza um milagre dentro de mim. Eu me comprometo em te seguir fervorosamente todos os minutos de todos os dias, pelo resto de minha vida. Tu és o Senhor, Tu és o Rei, Tu és o meu chefe, e eu não desejo ninguém mais. Transforma-me agora mesmo. Faz de mim uma nova pessoa. Em nome de Jesus eu oro, amém.*

Quando você estiver transformado para sempre, não vai se perguntar: *Eu realmente fui salvo? Eu realmente estou diferente?* Quando você encontrar o Deus vivo, você *saberá* que está transformado.

**Assim que, se alguém está em Cristo, nova criatura é: as coisas velhas já passaram; eis que tudo se fez novo.**

**2 Coríntios 5.17**

Faça uma pausa de um segundo, e perceba o que acaba de acontecer na sua vida. Registre por escrito o momento em que você se sentiu transformado, e todas as mudanças que ocorreram desde então.

______________________________

______________________________

______________________________

______________________________

______________________________

______________________________

Então, louve-O e adore-O, por tudo o que Ele fez e por tudo o que Ele fará na sua vida.

### LISTA DE TAREFAS:

- ☐ Hoje, leia Mateus 8 e 9.
- ☐ Passe algum tempo louvando e adorando a Deus.
- ☐ Hoje, ore por sua própria vida e pelo seu dia.
- ☐ Ore por sua família, pelos seus amigos e pelas autoridades.
- ☐ Ore pelas pessoas do mundo que ainda não são salvas.
- ☐ Pergunte a Deus se Ele deseja que você saia em uma viagem missionária nas próximas férias.

# Capítulo 2

# Lidando com o Pecado

***E rasgai o vosso coração, e não as vossas vestes, e convertei-vos ao Senhor, vosso Deus; porque ele é misericordioso, e compassivo, e tardio em irar-se, e grande em beneficência e se arrepende do mal.***
***Joel 2.13***

## Dia 1

## Permaneça Honesto — Permaneça Conectado

Os quatro capítulos a seguir são listas de tarefas espirituais para que você teste o seu coração. Comprometa-se em ter o seu momento tranquilo todos os dias e conservar vivo o seu relacionamento com Jesus Cristo. Isto impedirá que você recaia num tipo mental de cristianismo. Não faça acidentalmente o que nós, humanos, fazemos muito bem — recair no piloto automático, que o cristianismo se torna uma rotina antiga e monótona.

Ninguém mais pode avaliar, do lado de fora, o que acontece no interior, mas há muitas maneiras em que *você* pode avaliar o que acontece dentro de você. Eu o desafiei, na semana passada: Você concorda apenas mentalmente com tudo o que a Bíblia diz, ou Jesus realmente entrou no seu coração e o transformou? A sua resposta a esta pergunta lhe dirá muita coisa sobre o que está acontecendo dentro de você.

Percorra estas listas de tarefas espirituais ao longo das próximas semanas e *seja muito honesto consigo mesmo*. Somente se for honesto consigo mesmo, e honesto diante de Deus, você terá um encontro face a face com Jesus, que transformará a sua vida, e continuará a transformá-la. Mas se você percorrer este livro e fizer isso apenas no seu cérebro, e se recusar a abrir o seu coração, será apenas outro exercício mental, e você acabará acompanhando a maré nos anos futuros, como um cristão mental. Então você sempre se perguntará por que algumas pessoas são tão entusiasmadas e tão transformadas, mas você apenas crê "de certa forma", e não vê nenhuma mudança.

Agora mesmo, eu quero que você se comprometa em ser honesto diante de Deus. Pelo menos uma vez na sua vida, seja honesto e transparente diante dEle, ao lidar com as mais profundas questões pessoais na sua vida. Você não está fazendo isso porque os seus amigos estão fazendo o mesmo, nem porque é uma boa coisa cristã a fazer, mas porque *você* quer ter um encontro transformador de vida com Deus.

A verdade é, se você não for honesto no seu tempo tranquilo com Deus, você nunca será honesto com ninguém, nem em nenhuma outra situação. Você mentirá para si mesmo, para Deus, para a sua família, e para os seus amigos. Toda a sua vida será uma vergonha e uma piada. É por isso que eu estou agora diante de você, para que mergulhe em si mesmo e diga a verdade.

Se há alguma área da sua vida em que você não está sendo honesto — consigo mesmo, com Deus, com os seus pais, com os seus professores, com o seu patrão, com os seus amigos — confesse isso a Deus agora mesmo, e endireite a sua situação.

______________________________

______________________________

Assuma o compromisso de que, a partir deste dia, você será honesto.

**LISTA DE TAREFAS:**

- ☐ Hoje, leia Mateus 10.
- ☐ Passe algum tempo louvando e adorando a Deus.
- ☐ Hoje, ore por sua própria vida e pelo seu dia.
- ☐ Ore por sua família, pelos seus amigos e pelas autoridades.
- ☐ Ore pelas pessoas do mundo que ainda não são salvas.
- ☐ Pergunte a Deus se Ele deseja que você saia em uma viagem missionária nas próximas férias.

# Lidando com o Pecado

## Dia 2

### Conte como É

E, vendo a mulher que aquela árvore era boa para se comer, e agradável aos olhos, e árvore desejável para dar entendimento, tomou do seu fruto, e comeu, e deu também a seu marido, e ele comeu com ela. Então, foram abertos os olhos de ambos, e conheceram que estavam nus; e coseram folhas de figueira, e fizeram para si aventais. E ouviram a voz do Senhor Deus, que passeava no jardim pela viração do dia; e escondeu-se Adão e sua mulher da presença do Senhor Deus, entre as árvores do jardim.

E chamou o Senhor Deus a Adão e disse-lhe: Onde estás? E ele disse: Ouvi a tua voz soar no jardim, e temi, porque estava nu, e escondi-me.

**Gênesis 3.6-10**

Adão e Eva sentiram vergonha porque tinham desobedecido a Deus, comendo o fruto proibido, e a reação inicial de Adão foi tentar esconder o seu pecado. Quando Adão soube que agiu mal, e que o seu coração não estava bem com Deus, escondeu-se dEle.

## Conte como É

**O que encobre as suas transgressões nunca prosperará.**

**Provérbios 28.13**

Se você crê na sua cabeça, mentalmente, que Jesus é bom e que a Bíblia está correta, mas o seu coração não está bem com Deus, a sua reação inicial será encobrir o seu pecado, fingir que ele não está ali, e fingir que Deus nem mesmo sabe a respeito dele.

Adão sabia que Deus é real. Ele tinha passado muito tempo com Deus. Ainda assim, ele estava envergonhado do que tinha feito, e o seu coração não estava bem. E o pior sobre o seu pecado foi o fato de que ele não estava mais ligado com Deus.

Há muitos cristãos que se sentam na igreja todas as semanas, fingindo que não estão pecando. Eles se embriagam nas noites de sábado e vão à igreja aos domingos, fingindo que são pessoas virtuosas. Mas o pecado sempre as desliga de Deus. Assim, elas se perguntam por que Deus não parece real para elas.

Deus não brinca com o pecado, porque o pecado é um assassino.

**Porque o salário do pecado é a morte.**

**Romanos 6.23**

Nós temos que examinar os nossos corações. Qual é a nossa reação inicial, quando erramos? Tentamos nos certificar de que ninguém viu? Mentimos a nós mesmos, crendo que Deus não vê o nosso erro, nem se importa? Nós continuamos e pecamos, enquanto podemos, até que estejamos em uma situação tão complicada que somente Deus pode nos ajudar — e então nos arrependemos?

Como você reage, quando alguém o flagra pecando, ou quando o Espírito Santo condena-o em seu coração? Você tenta negar o fato? Você diz que isso realmente não aconteceu, ou tenta se justificar de alguma maneira? Ou você confessa?

Adão, conte tudo a Jesus — o bom, o mau, o feio. Se você abrir o seu coração para o Senhor, Ele irá limpá-lo, curá-lo, e torná-lo perfeito.

________________________________________

________________________________________

________________________________________

________________________________________

________________________________________

## LISTA DE TAREFAS:

- ☐ Hoje, leia Mateus 11.
- ☐ Passe algum tempo louvando e adorando a Deus.
- ☐ Hoje, ore por sua própria vida e pelo seu dia.
- ☐ Ore por sua família, pelos seus amigos e pelas autoridades.
- ☐ Ore pelas pessoas do mundo que ainda não são salvas.
- ☐ Pergunte a Deus se Ele deseja que você saia em uma viagem missionária nas próximas férias.

# Lidando com o Pecado

## Dia 3

### Seja como Zaqueu

**E, tendo Jesus entrado em Jericó, ia passando. E eis que havia ali um homem, chamado Zaqueu; e era este um chefe dos publicanos e era rico. E procurava ver quem era Jesus e não podia, por causa da multidão, pois era de pequena estatura.**

**E, correndo adiante, subiu a uma figueira brava para o ver, porque havia de passar por ali. E, quando Jesus chegou àquele lugar, olhando para cima, viu-o e disse-lhe: Zaqueu, desce depressa, porque, hoje, me convém pousar em tua casa.**

**E, apressando-se, desceu e recebeu-o com júbilo.**

**Lucas 19.1-6**

A atitude de Zaqueu para com Jesus foi correta. Ele estava curioso e interessado, e por isso subiu em uma árvore, para tentar obter uma visão de Jesus. Quando Jesus se convidou para ir à casa de Zaqueu, este disse: "Ótimo, venha!"

Antes de ouvir o que Deus deseja fazer na sua vida, você precisa perguntar a si mesmo: "Eu tenho a atitude de Zaqueu? Eu sou curioso e interessado, ou realmente penso que é apenas a mesma coisa, mais daquela baboseira sobre Jesus e outras coisas da Bíblia?"

O seu coração está dizendo: "Gente, se isto for real, eu quero mais. Se Ele realmente é o Filho de Deus, eu quero subir na árvore e vê-lo. Eu quero contemplá-lo — e se Ele quiser vir à minha casa, eu permitirei!"

Há muitas pessoas que se sentam nos bancos das igrejas sem o menor interesse ou curiosidade sobre Deus. Elas não desejam ter mais de Deus, e não se interessam mais. Elas se tornaram insensíveis à verdade. Elas pensam que já ouviram tudo isso antes, e que ninguém pode lhes contar nada de novo.

Quando uma pessoa não tem interesse na verdade da Palavra de Deus, não há nada que o Espírito Santo possa lhe dizer. Como é a verdade que liberta as pessoas, e elas deram as costas à verdade, elas não conseguem se libertar do pecado, e nem de qualquer outra coisa. Como resultado, em lugar de lidar corretamente com o pecado, confessando e se arrependendo, elas apenas tentam escondê-lo, e encobri-lo. A atitude de tais pessoas para com Deus é condescendente e arrogante. Elas pensam: *OK, talvez eu dê uma chance a Jesus e lhe dê um pouco da minha atenção.*

Ouça, elas não estão fazendo nenhum favor a Ele! Ele não precisa delas, são elas que precisam dEle! Sem Jesus, elas não têm o poder para derrotar o pecado nem se livrar de todo o lixo que o mundo e o Diabo coloca sobre elas.

Você tem a atitude de Zaqueu? Você tem curiosidade de saber mais sobre Deus e tem interesse em descobrir as verdades na sua Palavra? Se a sua resposta for sim, então você progredirá, e obterá algo real de Deus hoje.

Se você não tem a atitude de Zaqueu, eu serei realmente honesto com você, este dia não fará muito por você. Assim, desperte deste sono profundo em que você se encontra, abra os seus olhos, borrife a água refrescante da Palavra de Deus neles, e adquira uma curiosidade e uma paixão por conhecer a Deus!

Escreva pelo menos cinco perguntas que você faria a Jesus se Ele estivesse diante de você, pessoalmente, agora mesmo. A seguir, pegue a sua Bíblia, ou converse com o seu pastor ou o líder de jovens da sua igreja sobre como encontrar essas respostas. Acredite em mim, Jesus conhece as respostas!

1.______________________________

2.______________________________

3.______________________________

4.______________________________

5.______________________________

## LISTA DE TAREFAS:

- ☐ Hoje, leia Mateus 12.
- ☐ Como você reage ao pecado?
- ☐ Passe algum tempo louvando e adorando a Deus.
- ☐ Hoje, ore por sua própria vida e pelo seu dia.
- ☐ Ore por sua família, pelos seus amigos e pelas autoridades.
- ☐ Ore pelas pessoas do mundo que ainda não são salvas.
- ☐ Pergunte a Deus se Ele deseja que você saia em uma viagem missionária nas próximas férias.

# Lidando com o Pecado

## Dia 4

## Faça o que Zaqueu Fez

E, correndo adiante, subiu a uma figueira brava para o ver, porque havia de passar por ali. E, quando Jesus chegou àquele lugar, olhando para cima, viu-o e disse-lhe: Zaqueu, desce depressa, porque, hoje, me convém pousar em tua casa.
E, apressando-se, desceu e recebeu-o com júbilo.
E, vendo todos isso, murmuravam, dizendo que entrara para ser hóspede de um homem pecador. E, levantando-se Zaqueu, disse ao Senhor: Senhor, eis que eu dou aos pobres metade dos meus bens; e, se em alguma coisa tenho defraudado alguém, o restituo quadruplicado.

**Lucas 19.4-8**

Zaqueu tinha um coração curioso e faminto. Ele queria aprender mais e descobrir se Jesus era real. Assim, quando Jesus quis ir à sua casa, ele ficou contente. Agora, Zaqueu ouvira Jesus pregar e contar algumas parábolas, mas enquanto passavam algum tempo juntos, de repente Zaqueu se pôs em pé e disse: "Eu vou me livrar de metade dos meus bens. Eu vou dar isto aos pobres, e, se enganei alguém, vou restituir a essa pessoa quatro vezes o que lhe tirei".

Pense no significado disso. Jesus não fez um chamado ao altar. Ele não pediu que Zaqueu se arrependesse. Jesus nem mesmo o confrontou. Ele estava apenas sendo o Filho de Deus. Ele estava sendo quem Ele era — uma representação viva do próprio Deus. Quando Zaqueu percebeu quem Jesus era, a sua reação inicial foi se livrar do pecado, e não encobri-lo. Ele não tentou fingir que não tinha roubado nada e nem tinha enganado ninguém. Ele disse: "Eu quero o meu coração e a minha vida corretos. Eu quero que o lixo seja removido de mim. Eu quero ficar limpo".

Você sabe que o que estou dizendo sobre Jesus é verdade! Quando você estiver na presença dEle, a sua reação inicial será se livrar do lixo da sua vida. Jesus é real, ninguém precisa pregar para que você limpe a sua vida. Você simplesmente sabe que Jesus é real, e você deseja agradá-lo.

Se a sua reação inicial não for como a de Zaqueu, então Jesus é realmente real na sua vida, ou apenas na sua mente? Você realmente está se abrindo para Ele — contando a Ele toda a sua vida — e procurando estar na sua presença?

Se você, como Adão, está tentando encobrir tudo, então talvez você creia em Jesus e saiba que Ele está aqui, mas o seu coração não está completamente aberto para Ele. Quando você estiver realmente conectado com Jesus, você desejará estar bem diante dEle. Você desejará manter um relacionamento correto. É como quando você parte o coração do seu melhor amigo — talvez você o desaponte, ou o afaste de si — você se sente tão triste e tão mal que a primeira coisa que quer fazer é endireitar as coisas com ele.

Examine o seu coração e pergunte a si mesmo: "O meu coração é como o de Zaqueu? Estou disposto a deixar tudo, vir correndo para junto de Jesus, e fazer o que for necessário para endireitar as coisas?" Zaqueu sabia que Jesus era o Messias, e ele fez o que o seu coração lhe disse que era certo, ainda que Jesus não tivesse sequer lhe perguntado sobre o pecado na sua vida.

**Se confessarmos os nossos pecados, ele é fiel e justo para nos perdoar os pecados e nos purificar de toda injustiça.**

**1 João 1.9**

É hora de você fazer o que sabe que o seu coração está dizendo para fazer — livrar-se do lixo, pedindo a Deus que perdoe você, e permitindo que Jesus limpe a sua vida. Faça que o seu coração esteja de acordo com o seu cérebro — faça hoje aquilo que Zaqueu fez. Escreva alguma coisa que se coloca entre você e Deus, e corrija esta situação hoje.

______________________________________________________________________

______________________________________________________________________

______________________________________________________________________

______________________________________________________________________

______________________________________________________________________

______________________________________________________________________

______________________________________________________________________

## LISTA DE TAREFAS:

- ☐ Hoje, leia Mateus 13.
- ☐ Como você reage ao pecado?
- ☐ Passe algum tempo louvando e adorando a Deus.
- ☐ Hoje, ore por sua própria vida e pelo seu dia.
- ☐ Ore por sua família, pelos seus amigos e pelas autoridades.
- ☐ Ore pelas pessoas do mundo que ainda não são salvas.
- ☐ Pergunte a Deus se Ele deseja que você saia em uma viagem missionária nas próximas férias.

# Lidando com o Pecado

## Dia 5

## A sua Reação ao Pecado

Ao examinar o seu coração, para verificar se você é como Adão (que foge e se esconde) ou como Zaqueu (que confessa) quando você peca, faça esta pergunta a si mesmo: "É preciso que alguém me confronte sobre cada pequena coisa, para que eu me arrependa?"

**Ora, se teu irmão pecar contra ti, vai e repreende-o entre ti e ele só; se te ouvir, ganhaste a teu irmão. Mas, se não te ouvir, leva ainda contigo um ou dois, para que, pela boca de duas ou três testemunhas, toda palavra seja confirmada.**

**E, se não as escutar, dize-o à igreja; e, se também não escutar a igreja, considera-o como um gentio e publicano. Em verdade vos digo que tudo o que ligardes na terra será ligado no céu, e tudo o que desligardes na terra será desligado no céu.**

**Mateus 18.15-18**

Quando vemos um irmão ou uma irmã envolvidos em pecado, Jesus disse que devemos ir e confrontá-lo. Se isso não promover mudanças, então devemos levá-lo para outro irmão ou irmã. Se isso também não tiver resultado, devemos levá-lo diante da igreja. Para muitas pessoas, se apontarmos o pecado na sua vida, a sua resposta será: "Espere um pouco, eu não fiz isso", ou "Não é *minha* culpa", ou "Quem é você para falar, por acaso você é perfeito?" Você é assim? Você tenta negar, como Adão tentou?

Em outras ocasiões, alguém nos dirá: "Ei, por que você está agindo assim?" Nós sabemos, então, que o que estamos fazendo é errado, mas não modificamos a nossa vida. Não decidimos modificar esta parte de nós. Mesmo se as pessoas mencionarem isso — talvez o pastor, o líder de jovens, ou os nossos pais venham a falar conosco sobre uma área de pecado em nossa vida — mas ainda assim não mudamos, na realidade.

*Quantas vezes você precisa ser confrontado sobre algo na sua vida, antes de lidar com isso?* Se você está esperando que as pessoas o confrontem, repetidas vezes, ou se o seu pregador precisa pregar dez sermões sobre por que não amaldiçoar antes que você comece a pensar: *Talvez eu não devesse amaldiçoar*, talvez você precise perguntar a si mesmo: "Jesus realmente é real para mim, ou está apenas na minha cabeça?"

Se os seus pais precisam lhe dizer cem vezes que você não deve gritar com o seu irmão caçula, você precisa se perguntar, uma vez mais: "Qual é a minha reação ao pecado? Quando eu peco, eu preciso que as pessoas me perturbem, antes que eu lide com o pecado?"

A sua reação ao pecado pode indicar se o cristianismo está apenas na sua cabeça, ou se está realmente no seu coração. Se o seu coração é terno para com Deus, você desejará mudar, para ser mais parecido com Ele. Na menor das hipóteses, você se corrigirá, e fará o que é certo, para continuar conectado com Ele.

Examine a sua vida e perceba a realidade dela — as suas atitudes, os seus atos, o seu comportamento. Se houver algum pecado entre você e Deus, confesse-o. Não permita que nada entristeça o coração do seu Pai celestial, nem se interponha entre você e Ele.

Atitudes que precisam ser modificadas:

Ações a tomar:

Comportamento que precisa ser alterado:

## LISTA DE TAREFAS:

- ☐ Hoje, leia Mateus 14.
- ☐ Como você reage ao pecado?
- ☐ Passe algum tempo louvando e adorando a Deus.
- ☐ Hoje, ore por sua própria vida e pelo seu dia.
- ☐ Ore por sua família, por seus amigos e pelas autoridades.
- ☐ Ore pelas pessoas do mundo que ainda não são salvas.
- ☐ Pergunte a Deus se Ele deseja que você saia em uma viagem missionária nas próximas férias.

# Lidando com o Pecado

## Dia 6

## O Convencimento que Vem do Espírito Santo

Ontem, nós falamos sobre as pessoas que nos confrontam sobre o pecado em nossas vidas, e às vezes Deus pode usar essas pessoas. Mas Deus realmente deseja que nós estejamos em tal harmonia com Ele, que quando Ele falar algo ao nosso coração sobre uma área em que precisarmos fazer mudanças, para sermos mais parecidos com Ele — o ouçamos e nos corrijamos imediatamente. Se nós mudarmos, quando o Espírito Santo nos condenar, talvez não precisemos passar pelas embaraçosas confrontações com as pessoas.

Você consegue perceber quando o Espírito Santo está lhe condenando. Jesus disse, em João 16.8, que o Espírito Santo viria e convenceria o mundo do pecado. Deus está constantemente tentando refinar o nosso coração, a nossa mente, e a nossa vida, para que sejam mais puros. Quando Ele nos condenar sobre alguma coisa no nosso coração, devemos examinar a nossa primeira reação.

Algumas pessoas dizem: "Bem, ninguém mais sabe que eu estou fazendo isso, não é nada sério. Não está prejudicando ninguém. Eu estou bem. Foi apenas a minha mente, que me dizia que era errado". Não, na verdade foi o Espírito Santo que dizia: "Você sabe de uma coisa, Eu quero torná-lo mais semelhante a Jesus". Mas quando Ele começa a condenar o seu coração de alguma coisa e você se desconecta, você fica um pouco mais duro a cada vez que o ignora.

Algumas pessoas pensam que, enquanto as outras pessoas não as veem pecando, então elas não estão fazendo nada de errado. Mas se você deseja um encontro face a face com Deus, você precisa se certificar de que o seu coração está completamente limpo e completamente correto, todo o tempo. Você não pode ter a atitude de, *Ei, não fiz nada realmente errado. Eu não roubei nenhum banco hoje. Eu acho que estou agindo bem.*

Existe um nível de pureza e um nível de santidade que está mais profundo no seu coração do que qualquer outra pessoa poderá ver. Isso é o que Deus deseja, de maneira regular — chegar ao fundo do seu coração para refiná-lo e purificá-lo constantemente. Isto é o que conserva você em um relacionamento real com Ele.

**E, por isso, procuro sempre ter uma consciência sem ofensa, tanto para com Deus como para com os homens.**

**Atos 24.16**

Paulo vivia com um coração limpo e uma vida limpa. Sempre que o seu coração era condenado, imediatamente ele se arrependia e se corrigia. Viver desta maneira não significa que você é perfeito, mas você pode ter um coração "perfeito". Se você deixar constantemente o Espírito Santo limpar o seu coração e refiná-lo, Ele pode desenvolver um coração puro e perfeito dentro de você.

Isso não quer dizer que você deva lutar com o mesmo pecado pelo resto da sua vida! Depois que você é perdoado por Deus, Ele se esquece desse pecado. Depois que Deus condena o seu coração sobre alguma coisa, você se arrepende e então Ele o limpa, você se torna mais forte nessa área e poderá continuar. Então Ele condenará o seu coração sobre outra coisa, e você ficará cada vez mais forte nessa área.

Assim você segue, de glória em glória, tornando-se cada vez mais semelhante a Jesus, todos os dias, pelo resto da sua vida.

Ao ler a sua Bíblia e orar hoje, pergunte a Deus: "O que há na minha vida sobre o que Tu desejas que eu ore? Em quais áreas da minha vida Tu desejas que eu seja mais semelhante a Ti?"

Então, apenas ouça. Quando os pensamentos vêm do seu espírito, é o Espírito Santo que começou a lidar com você sobre certas áreas, atitudes ou a maneira como você falou com alguém ontem. Peça que Ele lhe dê sabedoria e orientação sobre como lidar com alguma coisa que Ele lhe mostre, se você não souber agir da melhor forma possível.

Proponha, no seu coração, que a sua primeira reação à condenação do Espírito Santo será o arrependimento. Quando alguém fala com você sobre o pecado, seja alguém que se humilha e imediatamente se arrepende. Você está no caminho correto para ter um encontro muito real com Jesus hoje!

Escreva as ocasiões, nos últimos dias, em que você sabe que o Espírito Santo o reprovou. A seguir, ao lado de cada item, escreva o que você pretende fazer a respeito:

| CONVENCIMENTO | AÇÃO |
|---|---|
| | |
| | |
| | |
| | |
| | |
| | |
| | |
| | |
| | |
| | |
| | |

**LISTA DE TAREFAS:**

- ☐ Hoje, leia Mateus 15 e 16.
- ☐ Como você reage ao pecado?
- ☐ Passe algum tempo louvando e adorando a Deus.
- ☐ Hoje, ore por sua própria vida e pelo seu dia.
- ☐ Ore por sua família, pelos seus amigos e pelas autoridades.
- ☐ Ore pelas pessoas do mundo que ainda não são salvas.
- ☐ Pergunte a Deus se Ele deseja que você saia em uma viagem missionária nas próximas férias.

# Lidando com o Pecado

## Dia 7

## Reagindo com Arrependimento

Na conclusão deste capítulo sobre o pecado, desejo me certificar de que você não é apenas um cristão convencido, mas que você também está convertido e realmente transformado.

- Você está persistindo no pecado?
- Qual é a sua primeira reação, quando alguém confronta você sobre o pecado na sua vida?
- Qual é a sua reação, quando você percebe que está envolvido em algum tipo de pecado?
- Você justifica o seu pecado ou procura arrancá-lo do seu coração o mais rápido que puder?

Agora é o momento de decidir que tipo de cristão você deseja ser.

Talvez você esteja persistindo no pecado agora mesmo. Podem ser pecados secretos, grandes pecados, ou pecados pequenos. Na realidade, não importa. Podem ser coisas sobre as quais algumas pessoas já lhe falaram, ou podem ser coisas sobre as quais Deus já falou com você. Agora é o momento de se certificar de que o seu coração e a sua vida são completamente puros diante de Deus.

Se o seu andar com Deus tem sido árido, monótono e entediante, porque você está brincando com o pecado, agora é o momento de abrir o seu coração e dizer: "Deus, eu quero que examines cada motivo do meu coração e cada parte da minha vida". É o momento de fazer o que Zaqueu fez. É o momento de deixar tudo e dizer: "Senhor, eu estou vindo para seguir-te, com todas as áreas da minha vida". Dedique algum tempo, agora mesmo, para limpar tudo. Decida, no seu coração, que este é o tipo de cristão que você deseja ser. Não se limite a limpar o seu coração uma vez e pensar que isso é tudo o que você tem de fazer. Adquira um hábito diário de permitir que a cascata da graça purificadora de Deus lave a sua vida. Todas as vezes que você sentir, no seu coração, que fez alguma coisa errada, seja como Zaqueu. Coloque-se de joelhos, prostre-se, e diga: "Deus, aqui estou outra vez".

Coloque-se de joelhos agora mesmo e faça esta oração comigo. Por favor, não se limite a orar com a sua cabeça, mas pense sobre o significado por trás das palavras que você está prestes a dizer ao seu Senhor, porque este será um ponto crucial na sua intimidade com Jesus pelo resto da sua vida. Se você deseja que Ele seja real na sua vida, você precisa se certificar de que a posição e a atitude do seu coração desejam ansiosamente mais dEle. Decida-se a se livrar do lixo que estiver em sua vida, para endireitar a sua situação com Ele.

*Senhor Jesus, eu quero fazer o que Zaqueu fez. Eu quero abrir mão de cada pecado, cada tentação, cada pensamento e cada ação que não esteja de acordo com a tua Palavra. Eu sei que há coisas sobre as quais as pessoas me falaram, e sobre as quais Tu falaste ao meu coração, e que eu preciso limpar agora mesmo. Eu as entrego a Ti. Eu me arrependo. Perdoa-me, Senhor. Eu me comprometo a me fortalecer nessas áreas, de modo que elas não me perturbem pelo resto da minha vida. Como resultado, eu me tornarei um homem (ou uma mulher) de Deus mais forte para Ti. Eu me comprometo a ser este tipo de cristão — a reagir à tua condenação com arrependimento, para que possa ser fortalecido nessa área e representar-Te. Em nome de Jesus eu oro, Amém.*

Eu quero incentivá-lo a usar esta lista de verificação todos os dias, no seu momento tranquilo:

O meu coração está aberto? ______________________________
________________________________________________________
________________________________________________________
________________________________________________________

Há alguma coisa de que Deus deseje me condenar? __________
________________________________________________________
________________________________________________________
________________________________________________________

Há algum pecado na minha vida? __________________________
________________________________________________________
____________________________________
____________________________________

Há algum lixo que eu tenha feito ontem, que precise deixar de fazer? ___________
____________________________________
____________________________________
____________________________________

Se você responder a estas perguntas honestamente, e se certificar de que o seu coração esteja correto todos os dias, o seu relacionamento com Jesus será renovado todos os dias. Será íntimo, porque você não estará escondendo nada dEle. A seguir, esteja vigilante, porque você nunca mais vivenciará a monotonia de um relacionamento petrificado com Jesus Cristo.

## LISTA DE TAREFAS:

- ☐ Hoje, leia Mateus 17 e 18.
- ☐ Como você reage ao pecado?
- ☐ Passe algum tempo louvando e adorando a Deus.
- ☐ Hoje, ore por sua própria vida e pelo seu dia.
- ☐ Ore por sua família, pelos seus amigos e pelas autoridades.
- ☐ Ore pelas pessoas do mundo que ainda não são salvas.
- ☐ Pergunte a Deus se Ele deseja que você saia em uma viagem missionária nas próximas férias.

Capítulo 3

# Você Tem uma Atitude de Gratidão?

*Tornaste o meu pranto em folguedo; tiraste o meu cilício e me cingiste de alegria; para que a minha glória te cante louvores e não se cale; Senhor, Deus meu, eu te louvarei para sempre.*

*Salmos 30.11,12*

*Louvai ao Senhor! Louvai ao Senhor, porque ele é bom, porque a sua benignidade é para sempre.*

*Salmos 106.1*

Dia 1

## A Dádiva do Perdão

Estivemos falando sobre como se certificar de que você tem uma conexão real com Jesus. Não é apenas um ritual terreno chamado cristianismo, do qual você faz parte, mas a vida eterna foi soprada no seu coração pelo próprio Jesus vivo.

Continue a seguir a primeira lista de verificações do capítulo 2, da semana passada, para certificar-se de que você não é um cristão apenas mental e superficial. Pergunte a si mesmo todos os dias, no seu momento tranquilo: "Senhor, há algum pecado com o qual eu tenha de lidar? Se houver, eu vou cair de joelhos e me arrepender imediatamente e limpar o meu coração".

Esta semana, a sua segunda lista de verificações pergunta o seguinte: "Você está verdadeiramente agradecido por ter sido perdoado?"

Qualquer cristão bem intencionado diria: "É claro, Ron, eu estou agradecido pelo perdão. Afinal, eu sou cristão!" É aí que está a dificuldade.

Se você disser: "É claro, eu estou agradecido pelo perdão", verifique a sua atitude. Talvez você não esteja muito agradecido. Talvez na sua mente você saiba que deve estar agradecido, você sabe que Jesus pagou um preço alto, e sabe que foi perdoado. Assim, você diz: "Sim, eu estou grato". Mas esta é uma gratidão esmagadora a Jesus, pelo que Ele fez por você?

Eu tenho a impressão de que há muitas pessoas nas igrejas, em nossos dias, que são ingratas pela dádiva incrível do perdão de Deus. Já aconteceu de você dar um presente a alguém no seu aniversário ou no Natal, e trabalhar duro, economizar dinheiro, comprar o presente, pensar muito sobre ele, e embrulhá-lo, e dá-lo à pessoa, e ela o abrir e dizer, "Oh, é bonito", e rapidamente passar para o presente seguinte? Você se lembra do sentimento terrível que sentiu no seu coração, quando isso aconteceu? Ela não percebeu o sacrifício que você fez, nem os cuidados que dedicou à compra do presente. Ela simplesmente o abriu e disse: "É realmente muito bonito", com os lábios, não com o coração.

Eu me pergunto se é assim que Deus se sente, muitas vezes, sobre nós. Ele nos deu este dom incrível do perdão, pago pelo preço terrível do sangue do seu único Filho, e nós dizemos: "Oh, sim, eu sou grato pelo perdão". Deus não deseja a nossa adoração verbal. Ele deseja que a nossa gratidão a Ele venha do mais profundo do nosso coração.

Olhe para dentro de si. Você está realmente agradecido pelo que aconteceu na sua vida?

Escreva uma breve descrição da eternidade no inferno.

___

___

Agora, escreva uma breve descrição da eternidade no céu.

Agora, louve a Deus, porque Ele criou uma maneira para que você esteja com Ele no céu!

## LISTA DE TAREFAS:

- ☐ Hoje, leia Mateus 19.
- ☐ Há algum pecado do qual você necessite se arrepender hoje?
- ☐ Você está agradecido porque Deus lhe perdoou?
- ☐ Passe algum tempo louvando e adorando a Deus.
- ☐ Hoje, ore por sua própria vida e pelo seu dia
- ☐ Ore por sua família, pelos seus amigos e pelas autoridades.
- ☐ Ore pelas pessoas do mundo que ainda não são salvas.
- ☐ Pergunte a Deus se Ele deseja que você saia em uma viagem missionária nas próximas férias.

# Você Tem uma Atitude de Gratidão?

## Dia 2

### Um Exemplo de Gratidão

**Por isso, te digo que os seus muitos pecados lhe são perdoados, porque muito amou; mas aquele a quem pouco é perdoado pouco ama.**

**Lucas 7.47**

Em Lucas 7.36-47, nós lemos a história de uma mulher que teve um encontro com Jesus. Ela era uma adúltera conhecida. Ela estava embaraçada e envergonhada. A sociedade a olhava com desprezo e repugnância, como nós faríamos hoje em dia, com uma prostituta. Muitas pessoas pensariam que este é um dos piores tipos de pecado que se pode cometer. No entanto, Jesus a perdoou, a restaurou, e lhe deu aceitação total.

O versículo 38 nos diz que ela começou a chorar incontrolavelmente, lavando os pés de Jesus com as suas lágrimas, e enxugando-as com os seus cabelos. Que sinal incrível de gratidão! Aqui estava uma mulher muito grata, porque ela sabia do que tinha sido perdoada.

Você sabe o que lhe foi perdoado? Muitos de nós pensamos, *Oh, sim. Eu sou grato pelo perdão, e grato porque Ele me perdoou todos os meus pecados e essas coisas*. Mas nós não pensamos que os nossos pecados sejam assim tão graves. Nós pensamos, *Eu não sou uma prostituta, eu não sou um ladrão de banco, e eu não violentei ninguém. Eu não sou realmente um pecador perverso*. Como resultado, não somos muito agradecidos, porque não pensamos que cometemos pecados realmente graves, para começar.

Nós pensamos em Jesus sobre a cruz e imaginamos: *Realmente foi triste que Ele tivesse ido à cruz só por causa do meu pequeno pecado. Eu consigo entender que Ele tivesse de ir à cruz por alguém que tivesse cometido muitos pecados, mas não por um pequeno pecado como o que eu cometi. Mas, sim, eu estou grato*. Não é uma questão de um pecado grande ou pequeno, mas é a separação de Deus que o pecado provoca, é sobre isso que estamos falando. A Bíblia diz, em Salmos 51.5, que em iniquidade fomos formados, e em pecado fomos concebidos. Isso quer dizer que nós somos feitos dessas coisas; assim, na realidade não importa se nós matamos alguém ou se apenas mentimos. Não é tanto o que nós fazemos — é a condição do nosso coração. Nós nascemos em uma condição de pecado, e é essa condição de pecado que fez com que Jesus tivesse de ir à cruz — assim Ele poderia transformar o nosso coração. Ele não morreu para modificar as coisas que nós fizemos, mas para transformar o que nós somos interiormente, o que modificaria as coisas que nós fizemos.

Quando percebermos que Jesus pagou o preço supremo para modificar o que nós somos, interiormente, o nosso coração ficará dominado pela gratidão. Ele deu a sua vida para transformar o nosso coração, para transformar a pessoa como nascemos, de modo que pudéssemos nascer de novo, como um filho ou uma filha do Deus Altíssimo. Ele deu a sua vida para que nós pudéssemos ter um coração novo, renovado, limpo e redimido.

A mulher desta passagem estava agradecida porque sabia o que lhe fora perdoado. Nós precisamos examinar a nossa vida e perceber a gravidade da nossa situação. Antes que Jesus viesse ao nosso coração, nós estávamos rumando para o inferno, com um coração que era sombrio e merecia a morte eterna, mas Jesus pagou o preço para nos redimir. Nós precisamos parar e perceber que o nosso pequeno pecado é tão grande quanto o grande pecado desta mulher, porque não é o ato que cometemos que faz de nós pecadores, é a condição do nosso coração. É por isso que Jesus dá a vida — para modificar a condição dos nossos corações.

Pense nisso hoje e permita que o seu coração seja inundado pela gratidão ao Senhor, e pelo seu perdão.

**Mas ele foi ferido pelas nossas transgressões e moído pelas nossas iniquidades; o castigo que nos traz a paz estava sobre ele, e, pelas suas pisaduras, fomos sarados.**

**Isaías 53.5**

Como este versículo afeta você?

________________________________________
________________________________________
________________________________________
________________________________________
________________________________________
________________________________________
________________________________________
________________________________________
________________________________________

## LISTA DE TAREFAS:

- ☐ Hoje, leia Mateus 20.
- ☐ Há algum pecado do qual você necessite se arrepender hoje?
- ☐ Você está agradecido porque Deus lhe perdoou?
- ☐ Passe algum tempo louvando e adorando a Deus.
- ☐ Hoje, ore por sua própria vida e pelo seu dia.
- ☐ Ore por sua família, pelos seus amigos e pelas autoridades.
- ☐ Ore pelas pessoas do mundo que ainda não são salvas.
- ☐ Pergunte a Deus se Ele deseja que você saia em uma viagem missionária nas próximas férias.

# Você Tem uma Atitude de Gratidão?

## Dia 3

### Aquele a quem muito Foi Perdoado...

**E, voltando-se para a mulher, disse a Simão: Vês tu esta mulher? Entrei em tua casa, e não me deste água para os pés; mas esta regou-me os pés com lágrimas e mos enxugou com os seus cabelos. Não me deste ósculo, mas esta, desde que entrou, não tem cessado de me beijar os pés. Não me ungiste a cabeça com óleo, mas esta ungiu-me os pés com unguento. Por isso, te digo que os seus muitos pecados lhe são perdoados, porque muito amou; Mas aquele a quem pouco é perdoado pouco ama.**

**Lucas 7.44-47**

Isto foi muito profundo. Jesus estava comentando sobre a condição da mulher — a condição do coração *dela* — versus a condição do coração de *Simão*. Ambos eram pessoas de boas intenções, mas a expressão de gratidão era diferente. Ela estava dominada pela gratidão, e ele não mostrava nenhuma gratidão. A partir do momento em que Jesus entrou na casa do fariseu, esta mulher serviu-o da única maneira que ela sabia, e nenhum dos demais fez nada por Ele. Ele mesmo chamou a atenção de todos para este fato.

Então Jesus disse estas palavras, que me chocaram: "Os seus muitos pecados lhe são perdoados, porque muito amou; mas aquele a quem pouco é perdoado pouco ama". Pense nisso por um minuto. Esta mulher sabia que muitas coisas lhe foram perdoadas, daí a reação apaixonada de gratidão a Jesus. Mas quando nós não compreendemos completamente tudo o que nos foi perdoado, nós amamos pouco. Isso significa que tudo é um peso para nós. Nós pensamos que é um incômodo servir a Jesus, amá-lo, e nos comprometer com Ele. O cristianismo é um trabalho duro — tudo o que fazemos parece exaustivo, sem importância e monótono. Como resultado, nós amamos pouco. Por quê? Porque pensamos que pouco nos foi perdoado. A verdade é que muito nos foi perdoado, mas nós nem sempre percebemos isso.

Se nós pensamos que pouco nos foi perdoado, nós amamos pouco. As igrejas estão cheias de pessoas que amam Jesus um pouco. Você é grato pelo perdão? Se alguém lhe pede que faça alguma coisa pelo Senhor, você age como se estivesse incomodado? Você pensa: *Como você pode me pedir isso?* Tal pensamento é característico de alguém que ama pouco, porque quando você ama muito alguém, você faz qualquer coisa por esta pessoa.

Avalie o seu coração. Você ama pouco? Você expressa apenas um pouco de amor por Jesus, sem nenhuma paixão, talvez porque pensa que pouco lhe foi perdoado? Você é realmente grato pelo seu perdão? Ou você não entende realmente a magnitude da dívida que Cristo pagou por você? Se você descobrir no seu coração que a expressão do seu amor é indiferente, diluída ou um tipo de amor de obrigação, talvez você esteja amando pouco, porque pensa que pouco lhe foi perdoado.

É hora de você perceber a magnitude da quantidade do perdão que Ele lhe concedeu — você tem uma nova vida! Pense nisso.

O que você fez de errado no passado pode ficar no passado. Você pode olhar para o amanhã com esperança. Você tem um futuro promissor. Deus perdoa você!

Na semana passada, você fez uma lista de todos os pecados com os quais precisava lidar. Tome esta lista e louve a Deus, pelo fato de que e porque Jesus derramou o seu sangue, cada um desses pecados lhe foi perdoado.

Eu agradeço a Deus porque fui perdoado de:

## LISTA DE TAREFAS:

- ☐ Hoje, leia Mateus 21.
- ☐ Há algum pecado do qual você necessite se arrepender hoje?
- ☐ Você está agradecido porque Deus lhe perdoou?
- ☐ Passe algum tempo louvando e adorando a Deus.
- ☐ Hoje, ore por sua própria vida e pelo seu dia.
- ☐ Ore por sua família, pelos seus amigos e pelas autoridades.
- ☐ Ore pelas pessoas do mundo que ainda não são salvas.
- ☐ Pergunte a Deus se Ele deseja que você saia em uma viagem missionária nas próximas férias.

# Você Tem uma Atitude de Gratidão?

## Dia 4

## Com todo o seu Coração

**Portanto, ofereçamos sempre, por ele, a Deus sacrifício de louvor, isto é, o fruto dos lábios que confessam o seu nome.**

**Hebreus 13.15**

Uma das evidências de que nós amamos pouco é o fato de que, quando vamos à igreja e as pessoas começam a cantar, nós ficamos ali e apenas movemos a boca para pronunciar as palavras. De certa forma, nós cantamos as palavras em nossa cabeça, mas não estamos cantando-as com o nosso coração, porque elas não têm significado para nós. A verdadeira adoração não é apenas cantar cânticos na igreja. A verdadeira adoração é cantar do fundo do nosso coração para o Rei, para o Senhor Jesus Cristo. A Bíblia diz que é o fruto dos nossos lábios, dando graças. Os nossos lábios estão dizendo ao Senhor que sentimos gratidão, que estamos agradecidos, que somos genuinamente, apaixonada e completamente dominados pela gratidão pelo que Ele fez por nós?

Diferentes pessoas adoram de maneiras diferentes — algumas pessoas levantam as suas mãos, algumas dobram os joelhos, e algumas ficam sentadas. Não é o *estilo* que importa. O que importa é a condição do nosso *coração*. Quer você esteja entoando cânticos com a letra exibida por um retroprojetor ou lendo a letra em um hinário, se você não sentir as palavras no fundo do seu coração e não as estiver cantando apaixonadamente ao seu Deus, você estará mostrando que o ama pouco. Você é superficial. Você está dizendo as palavras, mas elas não vêm do seu coração.

Quando você perceber o quanto Jesus é incrível e o preço que Ele pagou pelo seu perdão, a gratidão dominará você. Isto é exatamente o que Ele quer. Ele quer capturar o seu coração na adoração. Ele quer que você o envolva com os dois braços e cante apaixonadamente a Ele, do fundo do seu coração — mais apaixonadamente do que você poderá cantar um cântico de amor para uma namorada (ou namorado), porque Ele é o Rei da vida. Ele é aquEle que soprou vida em *você* e fez o seu coração bater de uma nova maneira. Ele agarrou cada pedaço do seu coração e você está tão eternamente agradecido pelo preço incrível que Ele pagou, por tudo o que Ele fez, e por tudo o que Ele criou, pelas palavras da sua boca, que você canta *apaixonadamente*.

Se você não fez da adoração apaixonada uma parte do seu modo de vida diário, comprometa-se agora, para que, quando tiver os seus momentos tranquilos, você mostre ao Senhor quão verdadeiramente agradecido você está pelo preço que Ele pagou. Mostre a Ele que você o ama muito, porque você não se limita a seguir a maré na adoração, mas está adorando-o com *todo* o seu coração.

Não cante apenas por cantar, mas cante com todo o seu coração. Consiga um DVD do culto de adoração e cante os cânticos. Não permita que o CD ou o DVD façam a adoração por você, mas *você* mesmo cante. Isso será um incentivo, enquanto você realmente se concentra no Senhor e na adoração, todas as manhãs, no seu momento tranquilo, antes de começar o seu dia.

Você está mais próximo de Deus; e quando você o adora, está expressando a gratidão que está transbordando de seu coração por Ele.

Hoje, eu cantei os seguintes cânticos de louvor e adoração a Jesus:

________________________________________

________________________________________

________________________________________

________________________________________

________________________________________

________________________________________

________________________________________

________________________________________

## LISTA DE TAREFAS:

- ☐ Hoje, leia Mateus 22.
- ☐ Há algum pecado do qual você necessite se arrepender hoje?
- ☐ Você está agradecido porque Deus lhe perdoou?
- ☐ Passe algum tempo louvando e adorando a Deus.
- ☐ Hoje, ore por sua própria vida e pelo seu dia.
- ☐ Ore por sua família, pelos seus amigos e pelas autoridades.
- ☐ Ore pelas pessoas do mundo que ainda não são salvas.
- ☐ Pergunte a Deus se Ele deseja que você saia em uma viagem missionária nas próximas férias.

# Você Tem uma Atitude de Gratidão?

## Dia 5

### Paixão pela Palavra e pela Oração

Jesus disse, em Lucas 7.47, que aquele a quem muito é perdoado, ama muito. Se você perceber que muito lhe foi perdoado, então você amará muito. Dessa forma, pergunte a si mesmo: "Eu realmente amo muito o Senhor?

Todos nós diremos: "É claro que sim". Mas quando você lê a sua Palavra, você está faminto dela? Você está procurando agressivamente o que Deus está tentando lhe ensinar, enquanto você lê? Ou está apenas dizendo: "OK, eu acho que é hora de ler a Bíblia"...

Na oração, você está derramando o seu coração e permitindo que Deus ouça o clamor das profundezas da sua alma, ou você está apenas repassando a sua lista de pedidos? A maneira como você ora indica a atitude de gratidão no seu coração e o seu amor por Deus.

Pense na maneira como você se sente com relação à sua mãe e ao seu pai, quando você está ausente, viajando, durante muito tempo. Você mal pode esperar para voltar para casa. Você mal pode esperar para vê-los e contar a eles sobre todas as coisas que você fez, enquanto estava fora. Quando eu volto do trabalho para casa, no fim do dia, eu amo quando os meus três filhos pequenos sobem no meu colo e se aconchegam ao meu redor. Eles mal podem esperar para me contar o que fizeram o dia todo. Este é o quadro que eu quero que você tenha em mente sobre o que deveria acontecer todas as manhãs, quando você se levanta para o seu devocional diário. Você mal pode esperar para ter um momento íntimo com o seu Pai celestial, contar a Ele os segredos do seu coração, preparar-se para o dia e ouvir, da Palavra de Deus, o que Ele deseja lhe dizer antes que você derrame o seu coração a Ele, em oração.

É hora de começar a amá-lo muito, porque você percebe que muito lhe foi perdoado. É hora de começar a amá-lo, ouvindo à sua Palavra e realmente conectando-se com Ele, todos os dias, em oração. Vamos começar hoje.

Quais são as perguntas mais urgentes a respeito da Bíblia, ou os problemas mais insistentes no seu coração que você está enfrentando hoje?

_______________________________________

_______________________________________

_______________________________________

_______________________________________

_______________________________________

_______________________________________

_______________________________________

Procure versículos na Bíblia que tenham a ver com a sua situação. Leve-os a Deus em oração e pergunte a Ele o que você deve fazer. Coloque o problema na perspectiva de Deus e se concentre na verdade! Você nunca mais será o mesmo, porque quando souber a verdade, a verdade o libertará.

## LISTA DE TAREFAS:

- ☐ Hoje, leia Mateus 23.
- ☐ Há algum pecado do qual você necessite se arrepender hoje?
- ☐ Você está agradecido porque Deus lhe perdoou?
- ☐ Passe algum tempo louvando e adorando a Deus.
- ☐ Hoje, ore por sua própria vida e pelo seu dia.
- ☐ Ore por sua família, pelos seus amigos e pelas autoridades.
- ☐ Ore pelas pessoas do mundo que ainda não são salvas.
- ☐ Pergunte a Deus se Ele deseja que você saia em uma viagem missionária nas próximas férias.

# Você Tem uma Atitude de Gratidão?

## Dia 6

### Você Está Cansado da "História"?

Nos últimos dias temos falado sobre sermos agradecidos pelo seu perdão, e falamos sobre o que Jesus fez na cruz por você. Eu me pergunto se você já pensou nisso, e aí talvez você responda: *Oh, sim, Jesus morreu na cruz, e tudo mais.*

Há um número excessivo de pessoas que são casuais demais, quando pensam sobre o que Jesus fez na cruz. Pense sobre a dor que Ele sofreu no seu corpo físico, quando estava sendo pregado à cruz. Pense nEle carregando todos os nossos pecados, para que pudéssemos ser justificados e ter um relacionamento com o Deus vivo. Isso coloca sob uma nova perspectiva, o fato de sermos gratos pelo nosso perdão, sermos gratos pelo que aconteceu com Jesus na cruz e sermos gratos pelo que Ele fez por nós na cruz.

Se você frequentou a Escola Dominical ou os cultos na igreja durante toda a sua vida, você já ouviu a história da crucificação muitas vezes. Você consegue recitar a história e consegue citar os versículos literalmente; no entanto, para muitas pessoas, é apenas a "história".

As pessoas dizem: "Oh, sim, é aquele papo de que Jesus morreu na cruz". Isso é o que o mundo pensa. Eles pensam que sabem tudo, mas não conhecem o poder nem o significado por trás da crucificação e da ressurreição de Jesus Cristo. Eu receio que haja um número muito grande de pessoas que se dizem cristãs e que nem mesmo conheçam o poder ou o significado que está por trás da "história". Eles sabem que isso teve de acontecer para que eles fossem salvos, mas não apreciam o Senhor pelo que Ele fez. Como cristãos, não importa quão maduros, quão fortes ou quão velhos fiquemos, no Senhor, nunca poderemos nos esquecer nem nos afastar desta história, porque é a verdade desta história que transformou a nossa vida. É o poder desta história que nos liberta. É a realidade desta história que nos dá novos corações. Não é apenas uma história — é o que aconteceu com o Filho de Deus. É Jesus Cristo decidindo entregar a sua vida por nós.

Jesus até mesmo nos deu a Ceia do Senhor. Ele disse aos seus discípulos, em Lucas 22.19: "Fazei isso em memória de mim". Em outras palavras, Ele estava dizendo a eles: "Lembrai-vos de mim, e que eu estive realmente aqui. Lembrai-vos de que eu realmente morri. Vedes este sangue? Lembrai-vos do meu sangue, porque ele é o novo concerto. Vedes este pão? Lembrai-vos de como o meu corpo foi partido por vós. Não vos esqueçais desta história, não vos esqueçais de que eu morri para vos dar a vida eterna, e nunca penseis nisto como apenas outra parábola ou outro conto folclórico. Isto é real. Eu sou real. Eu vim, e dei a minha vida".

Examine o seu coração. Esta "história" se tornou apenas outra história para você? Ou você fica extremamente dominado pela gratidão por Deus, todas as vezes que pensa no que Ele realmente fez? Se para você isso se tornou apenas a história de Jesus na cruz, eu o incentivo, agora mesmo, a fazer esta oração.

*Oh, Senhor, ajuda-me a compreender a realidade do que realmente aconteceu na cruz. Ajuda-me a ver realmente como a cruz foi a encruzilhada de toda a história. Aquele momento da história, em que Jesus esteve suspenso na cruz, é o momento pelo qual eu sou grato, pois sem ele eu não seria nada. Eu não teria esperança de vida eterna no céu, e não teria esperança de uma boa vida aqui nesta terra. Em nome de Jesus, eu oro, Amém.*

## LISTA DE TAREFAS:

- ☐ Hoje, leia Mateus 24 e 25.
- ☐ Há algum pecado do qual você necessite se arrepender hoje?
- ☐ Você está agradecido porque Deus lhe perdoou?
- ☐ Passe algum tempo louvando e adorando a Deus.
- ☐ Hoje, ore por sua própria vida e pelo seu dia.
- ☐ Ore por sua família, pelos seus amigos e pelas autoridades.
- ☐ Ore pelas pessoas do mundo que ainda não são salvas.
- ☐ Pergunte a Deus se Ele deseja que você saia em uma viagem missionária nas próximas férias.

# Você Tem uma Atitude de Gratidão?

## Dia 7

### Lembre-se do Momento

Precisamos ter certeza de que não temos apenas um cristianismo mental, mas, na verdade, um encontro transformador de vida com Jesus. Ele é realmente real para você? Você é grato pelo perdão? Você se lembra do momento exato em que sentiu o peso do pecado ser removido dos seus ombros?

Lembro-me de sentir isso, quando tinha dezesseis anos de idade. Lembro-me de sentir este peso esmagador nas minhas costas, e de repente percebi que eu estava limpo, que eu estava livre, que eu estava são, que eu estava perdoado, e que eu estava novo. O peso havia desaparecido, o meu coração estava bem, e eu era uma nova pessoa. É difícil descrever isso com palavras, mas nunca vou me esquecer do momento em que percebi que realmente estava perdoado, quando percebi que o peso do pecado tinha sido tirado dos meus ombros. Foi isso o que a mulher sentiu, quando chorou aos pés de Jesus, quando lavou os seus pés com suas lágrimas e os enxugou com os seus cabelos. Ela sentiu o peso deixá-la, e a sua reação natural foi de profunda gratidão para com o Filho de Deus, que a limpara. Ela teve uma revelação de quem era Jesus. Ele realmente era o Filho de Deus. Ele realmente a tinha perdoado, e ela se encheu de gratidão.

Você se lembra daquele momento? Talvez você não se lembre daquele momento, porque nunca teve esse momento. Talvez você sempre tenha pensado: *É, eu fui perdoado*, mas nunca houve um momento em que você parou e disse: "Senhor, perdoa-me, limpa-me, e tira de sobre mim o peso do pecado agora mesmo".

Se você nunca teve este momento, ou talvez tenha pedido o perdão, mas nunca sentiu o peso sendo removido, eu quero que você faça uma pausa neste instante, e faça esta oração.

*Senhor, eu me recuso a prosseguir na minha vida sem ser agradecido pelo perdão. Neste instante, Senhor, eu te peço, tira o peso do pecado da minha vida. Eu te peço que despertes a minha mente para a grandeza do meu pecado, para que eu possa ser verdadeiramente agradecido porque o tiraste de mim.*

*Jesus, eu te agradeço por pagar esse preço supremo, morrendo na cruz por mim. Eu te agradeço por me levantar, me limpar, me lavar, e me tornar novo. Que o meu coração seja dominado pela gratidão, porque morreste por mim. Jesus, deste a tua vida por mim. Eu não sei se tenho um amigo que daria a sua vida por mim, mas tu deste a tua por mim, mesmo sabendo que eu nasci em meio ao pecado. Obrigado, Senhor, por tirar o peso do pecado da minha vida. Em nome de Jesus eu oro, amém.*

Espero que agora você tenha certeza de que Jesus é real, e que o cristianismo não é apenas um ritual para você. Você não está enchendo a sua cabeça com um monte de doutrina inútil, mas está vivendo uma vida que está sendo transformada.

Todos os dias, peça que o Senhor revele qualquer pecado na sua vida, e certifique-se de que a sua primeira reação será livrar-se do pecado, pedindo que o Senhor perdoe você. Seja como Zaqueu.

E quando você souber que foi perdoado, comprometa-se em ser grato pelo perdão do Senhor. Seja grato porque Ele tirou tal peso dos seus ombros. Seja grato pela lavagem, pela purificação, e pela misericórdia que Ele tem por você. Seja grato pelo que Jesus fez na cruz por você.

Conte como Jesus transformou a sua vida nestas primeiras semanas do seu Tratamento de Choque Espiritual.

______________________________________________

______________________________________________

______________________________________________

______________________________________________

______________________________________________

______________________________________________

______________________________________________

______________________________________________

## LISTA DE TAREFAS:

- ☐ Hoje, leia Mateus 26 e 27.
- ☐ Há algum pecado do qual você necessite se arrepender hoje?
- ☐ Você está agradecido porque Deus lhe perdoou?
- ☐ Passe algum tempo louvando e adorando a Deus.
- ☐ Hoje, ore por sua própria vida e pelo seu dia.
- ☐ Ore por sua família, pelos seus amigos e pelas autoridades.
- ☐ Ore pelas pessoas do mundo que ainda não são salvas.
- ☐ Pergunte a Deus se Ele deseja que você saia em uma viagem missionária nas próximas férias.

Capítulo 4

# Alguém Pode Fazer com que Você Desista?

***Porque a palavra de Deus é viva, e eficaz, e mais penetrante do que qualquer espada de dois gumes, e penetra até à divisão da alma, e do espírito, e das juntas e medulas, e é apta para discernir os pensamentos e intenções do coração.***
***Hebreus 4.12***

## Dia 1

## A Verdade da Bíblia

Quero que você investigue o fundo do seu coração e decida se você está apenas concordando mentalmente com a Bíblia, ou se Jesus é realmente real na sua vida. Em primeiro lugar, eu espero que você esteja se perguntando todos os dias qual é a sua reação ao pecado. Você está disposto a se livrar dele imediatamente? Em segundo lugar, você está realmente agradecido pelo que Jesus fez por você na cruz? A terceira pergunta que eu lhe proponho tem a ver com o que vamos falar esta semana. É possível que alguém faça com que você desista do seu cristianismo? Você está tentando entender logicamente o que a Bíblia tem a dizer, ou a verdade da Bíblia se tornou viva em você?

Muitas pessoas entendem a Bíblia, mas nunca comprometeram realmente a sua vida com ela — elas nunca tiveram uma revelação no fundo de seus corações de que a Bíblia é a Palavra de Deus para *elas*. Elas foram convencidas por um pregador, por um grupo musical em um concerto cristão, ou por um momento emocional em um acampamento, de que deviam fazer a oração da salvação e se aproximar de Deus, mas sem compreender que a Palavra de Deus é real, elas não têm como se aproximar dEle.

*Se alguém puder persuadir você a seguir Jesus, então outra pessoa pode persuadi-lo a não fazê-lo.* É por isso que tantas pessoas ficam convencidas, no acampamento, a entregar as suas vidas a Jesus; depois elas voltam para a escola, e a pressão dos colegas as convence do contrário. Elas comparecem a um culto de avivamento, e ficam convencidas outra vez de que devem seguir ao Senhor, e então vão ver um filme e este as convence a não seguirem ao Senhor. Então elas voltam para a igreja e se convencem de que devem viver por Jesus, até que vão a uma festa, e se deixam convencer a não fazê-lo. Se alguém pode convencê-lo a seguir Jesus, então o mundo pode dissuadi-lo a fazê-lo.

Esta é a essência de um cristão racional. Ele tem todas as razões lógicas pelas quais deve crer, e por isso crê. Mas se algo se apresenta contra estas razões lógicas, ele não se mostra mais convencido. Ele conhece os fatos na sua cabeça, mas não teve uma experiência em seu coração. A realidade de Jesus não transformou a sua vida. Na sua cabeça, ele concorda que tudo o que a Bíblia diz é verdade, mas a verdade da pessoa real que é Jesus não o marcou, não o assombrou, não o maravilhou e não fez com que o seu coração se vivificasse.

Eu vou propor algumas perguntas sérias esta semana, perguntas que investigam a alma, e que mostram a você, com base na Bíblia, que Jesus deseja que nós estejamos mais do que simplesmente convencidos — Ele quer que estejamos convertidos. Devemos estar tão convencidos a entregar a nossa vida a Ele, e o que resulta em uma transformação no nosso interior. Prepare-se para ser transformado.

A sua fé em Deus está baseada no que você consegue compreender com a sua mente? Ou você sentiu a realidade de Jesus, e nada pode persuadí-lo do contrário?

## LISTA DE TAREFAS:

- ☐ Hoje, leia Mateus 28.
- ☐ Há algum pecado do qual você necessite se arrepender hoje?
- ☐ Você está agradecido porque Deus lhe perdoou?
- ☐ Você foi dissuadido de alguma parte do seu cristianismo?
- ☐ Passe algum tempo louvando e adorando a Deus.
- ☐ Hoje, ore por sua própria vida e pelo seu dia.
- ☐ Ore por sua família, pelos seus amigos e pelas autoridades.
- ☐ Ore pelas pessoas do mundo que ainda não são salvas.
- ☐ Pergunte a Deus se Ele deseja que você saia em uma viagem missionária nas próximas férias.

# Alguém Pode Fazer com que Você Desista?

## Dia 2

### Contra toda a Lógica

**Então, muitos da multidão, ouvindo essa palavra, diziam: Verdadeiramente, este é o Profeta.**

**Outros diziam: Este é o Cristo; mas diziam outros: Vem, pois, o Cristo da Galileia?**

**Não diz a Escritura que o Cristo vem da descendência de Davi e de Belém, da aldeia de onde era Davi?**

**João 7.40-42**

Jesus poderia ter convencido logicamente as pessoas sobre quem Ele era, mas preferiu não fazer isso. Quando as pessoas argumentaram que o Messias não deveria vir de Nazaré, Jesus apenas se sentou e as ouviu. Ele não respondeu. Agora, pense nisso. Jesus foi a pessoa mais inteligente que já viveu. Ele conhecia as Escrituras e as profecias, melhor do que qualquer outra pessoa. Ele poderia ter tomado essas Escrituras e as destruído. Ele poderia tê-los convencido logicamente de que Ele vinha de Belém, que havia nascido de uma virgem, e que pertencia à linhagem de Davi. Mas preferiu não fazê-lo.

Contra toda a Lógica

Quando falamos com alguém sobre o Senhor, desejamos usar todos os tipos de passagens das Escrituras e razões, para fazer com que as pessoas creiam logicamente que Jesus é real. Mas o fato é que Jesus é muito mais do que lógico. O Deus que criou este mundo está além da nossa capacidade humana de entendê-lo logicamente. Jesus poderia ter convencido o povo logicamente, mas ao fazer isso, Ele teria *minimizado a grandeza da verdade a qual viera para partilhar com eles.*

As pessoas podem ser convencidas logicamente, e ainda assim, não se modificar. Ao tentar falar a alguém sobre o Senhor, você pode apresentar todos os argumentos lógicos, mas eles ainda assim podem não crer. Você pode até mesmo fazer com que eles se contradigam; no entanto, se os seus corações forem insensíveis e eles tiverem vendas nos olhos, não crerão.

Jesus sabia que a verdade que Ele tinha vindo transmitir era tão maior do que a lógica, que a deixou de lado para entrar nos corações dos homens — para fazer com que eles vejam, com os olhos de seus corações, e não apenas com a lógica de suas mentes. Há muitos que são cristãos "lógicos", ou cristãos mentais. Eles creem em Jesus, desde que isso faça sentido. Mas tão logo isso desafie a sua lógica, — bum! Eles desistem, porque os cálculos na sua cabeça não dão certo. Eles pensam que a sua mente sabe tudo, e se são incapazes de entender alguma coisa com a sua mente, então esta coisa não deve ser real nem verdadeira.

Jesus preferiu não usar a lógica para atrair os corações das pessoas, mas fez muitas outras coisas para tentar tocar os seus corações, de modo que os seus corações fossem abertos, para que eles vissem a verdade e o vissem como Ele realmente é. Hoje, deixe de lado a lógica que diz que, se você não conseguir entender na sua cabeça, o assunto não deve ser verdade. Conhecer a verdade é saber que a sua vida foi transformada para sempre, pelo Deus vivo. Conhecer a verdade é saber que você foi perdoado dos seus pecados. Conhecer a verdade é saber que Jesus é real na sua vida!

Você é um cristão lógico?

Você crê em Jesus, desde que isso faça sentido?

Você permitiu que Jesus removesse as vendas de seus olhos espirituais, para que você pudesse enxergar a verdade?

## LISTA DE TAREFAS:

- ☐ Hoje, leia Marcos 1.
- ☐ Há algum pecado do qual você necessite se arrepender hoje?
- ☐ Você está agradecido porque Deus lhe perdoou?
- ☐ Você foi dissuadido de alguma parte do seu cristianismo?
- ☐ Passe algum tempo louvando e adorando a Deus.
- ☐ Hoje, ore por sua própria vida e pelo seu dia
- ☐ Ore por sua família, pelos seus amigos e pelas autoridades.
- ☐ Ore pelas pessoas do mundo que ainda não são salvas.
- ☐ Pergunte a Deus se Ele deseja que você saia em uma viagem missionária nas próximas férias.

# Alguém Pode Fazer com que Você Desista?

## Dia 3

### Trazido por Deus

**Mas já vos disse que também vós me vistes e, contudo, não credes. Tudo o que o Pai me dá virá a mim; e o que vem a mim de maneira nenhuma o lançarei fora.**

**Ninguém pode vir a mim, se o Pai, que me enviou, o não trouxer.**

**João 6.36,37,44**

Jesus disse que Deus, o Pai, deve trazer as pessoas a Ele. É Deus, o Pai, que deve abrir os olhos das pessoas. Em outras palavras, a realidade de Jesus é muito maior do que a lógica que você compreende com a sua mente. Você precisa entender que Jesus é real com o seu coração. Eu não vou mais tentar convencê-lo disso. Eu apenas estou tentando provocar as pessoas, para que tenham fé, de modo que possam abrir os olhos e ver a verdade que Deus deseja há tanto tempo que elas vejam.

Muitas pessoas tentam viver a sua vida para Deus, baseando-se somente naquilo que elas compreendem pela lógica. Elas tentam dizer aos outros sobre Jesus, dizendo a eles, "Se você apenas crer no que eu creio, então você será salvo". Não é isso que este versículo da Bíblia diz. Jesus está dizendo que você precisa crer nEle a ponto de entregar-lhe a sua vida. Se você se comprometer a entregar todo o seu coração e toda a sua vida a Jesus, é melhor que você abra os seus olhos e veja esta verdade, grande e impressionante como ela é. A realidade de Jesus e o viver para Ele é algo tão grande e tão impressionante que vai exigir *todo* o seu coração.

Jesus não queria convencer as pessoas logicamente, Ele queria que Deus convencesse as pessoas. Ele queria que elas permitissem que o Espírito Santo abrisse os seus olhos, e que elas se maravilhassem com a realidade de que Ele realmente era o Filho de Deus. Como resultado, elas nunca mais seriam as mesmas — elas viriam correndo para Ele, cairiam de joelhos, dariam a sua vida a Ele, e seriam diferentes para sempre.

Peça ao Deus Pai que abra os seus olhos, para que hoje você possa ver Jesus como Ele realmente é. Seja como Moisés, e peça ao Senhor que lhe dê um vislumbre da sua glória. Então, preste atenção, porque Ele aproximará você cada vez mais dEle.

O que Deus Pai está mostrando a você hoje?

______________________________
______________________________
______________________________
______________________________
______________________________
______________________________
______________________________
______________________________
______________________________

### LISTA DE TAREFAS:

- ☐ Hoje, leia Marcos 2.
- ☐ Há algum pecado do qual você necessite se arrepender hoje?
- ☐ Você está agradecido porque Deus lhe perdoou?
- ☐ Você foi dissuadido de alguma parte do seu cristianismo?
- ☐ Passe algum tempo louvando e adorando a Deus.
- ☐ Hoje, ore por sua própria vida e pelo seu dia.
- ☐ Ore por sua família, pelos seus amigos e pelas autoridades.
- ☐ Ore pelas pessoas do mundo que ainda não são salvas.
- ☐ Pergunte a Deus se Ele deseja que você saia em uma viagem missionária nas próximas férias.

# Alguém Pode Fazer com que Você Desista?

## Dia 4

## Jesus Tentou Dissuadir as Pessoas

**Jesus, pois, lhes disse: Na verdade, na verdade vos digo que, se não comerdes a carne do Filho do Homem e não beberdes o seu sangue, não tereis vida em vós mesmos. Quem come a minha carne e bebe o meu sangue tem a vida eterna, e eu o ressuscitarei no último Dia. Porque a minha carne verdadeiramente é comida, e o meu sangue verdadeiramente é bebida. Quem come a minha carne e bebe o meu sangue permanece em mim, e eu, nele.**

**João 6.53-56**

Pense a respeito. Jesus fez um sermão que realmente foi difícil de entender. Ele falou sobre comer a sua carne, e beber o seu sangue, ou eles não fariam parte dEle. Você pode perguntar: "O que você quer dizer, comer a carne humana de alguém, e beber o seu sangue?" É o que os judeus pensaram, e, compreensivelmente, ficaram assustados com isso.

## Jesus Tentou Dissuadir as Pessoas

**Muitos, pois, dos seus discípulos, ouvindo isso, disseram: Duro é este discurso; quem o pode ouvir? E [Jesus] dizia: Por isso, eu vos disse que ninguém pode vir a mim, se por meu Pai lhe não for concedido. Desde então, muitos dos seus discípulos tornaram para trás e já não andavam com ele.**

**João 6.60,65,66**

As pessoas disseram: "Quer saber de uma coisa? Eu não consigo entender logicamente, por isso 'estou fora'". O que Jesus fez a seguir foi emitir um chamado ao altar. Ele perguntou aos discípulos restantes se também desejavam partir. Jesus é o único sujeito que eu conheço que faz um chamado, do altar, para que as pessoas deixem de segui-lo! Imagine só, enquanto o coro está cantando, você ouve Jesus dizendo: "Por favor, enquanto ninguém está olhando — Eu não quero envergonhar ninguém — mas se vocês não querem me seguir mais, por favor, é melhor saírem agora".

Era essencialmente isso o que Jesus estava fazendo. Ele tentou fazer com que as pessoas desistissem de segui-lo, porque desejava ver quem seriam apenas os fãs que estariam envolvidos nisso apenas nos bons momentos, que tinham compreendido apenas logicamente, e aqueles cujos olhos tinham sido realmente abertos para ver que Ele era o Filho de Deus.

Haverá momentos no seu caminhar com Deus em que as coisas não farão sentido. Você não compreenderá tudo, porque Ele é Deus, e você é um ser humano. Você precisa decidir agora como vai reagir quando as coisas não parecerem fazer sentido, porque o mundo torna muito lógico *não* seguir a Deus. É nesses momentos que você precisa saber que está seguindo Jesus porque sabe que Ele é real, e não há nada que alguém possa dizer ou fazer, que seja capaz de fazer você mudar de ideia.

As pessoas podem tentar todos os argumentos lógicos, todas as descobertas científicas, ou qualquer coisa que pareça fazer sentido para o mundo, para tentar nos dissuadir de servi-lo, mas com a fé que temos em Jesus Cristo, que mudou a nossa vida, nós podemos olhar essas pessoas nos olhos e dizer-lhes: "Quer saber de uma coisa? Você tem razão. Há algo aqui que não faz sentido. Mas eu sei de uma coisa — Jesus transformou a minha vida, e eu nunca mais fui o mesmo depois disso. Lembro-me de sentir o peso do pecado ser removido. Lembro-me do meu coração sendo transformado. Eu sei que Ele me ouve, e sei que eu o ouço. Ele é real. Ele não está apenas no meu cérebro — Ele está no meu coração e na minha vida. Você pode tentar me dissuadir o quanto quiser, mas eu lhe digo — Ele transformou a minha vida e eu nunca mais fui o mesmo".

Como você responderá, se o mundo tentar dissuadi-lo?

______________________________

______________________________

______________________________

______________________________

______________________________

______________________________

______________________________

______________________________

______________________________

Deixe que a sua fé em Cristo se manifeste, para que você possa proclamar, corajosamente, Quem transformou a sua vida.

## LISTA DE TAREFAS:

- ☐ Hoje, leia Marcos 3.
- ☐ Há algum pecado do qual você necessite se arrepender hoje?
- ☐ Você está agradecido porque Deus lhe perdoou?
- ☐ Você foi dissuadido de alguma parte do seu cristianismo?
- ☐ Passe algum tempo louvando e adorando a Deus.
- ☐ Hoje, ore por sua própria vida e pelo seu dia.
- ☐ Ore por sua família, pelos seus amigos e pelas autoridades.
- ☐ Ore pelas pessoas do mundo que ainda não são salvas.
- ☐ Pergunte a Deus se Ele deseja que você saia em uma viagem missionária nas próximas férias.

# Alguém Pode Fazer com que Você Desista?

## Dia 5

### Onde mais Poderíamos Ir?

**Então, disse Jesus aos doze: Quereis vós também retirar-vos? Respondeu-lhe, pois, Simão Pedro: Senhor, para quem iremos nós? Tu tens as palavras da vida eterna, e nós temos crido e conhecido que tu és o Cristo, o Filho de Deus.**

**João 6.67-69**

A maneira como os discípulos reagiram quando Jesus lhes fez o convite para que partissem é assombrosa. A sua resposta nos dá uma ideia do que acontecia nos seus corações. Ele lhes perguntara, nos versículos anteriores, o que seria necessário para provar que Ele era o Filho de Deus. Eles queriam vê-lo subindo ao céu, e depois descendo de volta? Isso provaria para eles que Jesus era real? Isso iria convencê-los a ficar?

Em outras palavras, Jesus estava dizendo: "Se Eu fizer algum milagre grande e impressionante, isto convencerá vocês de que eu realmente sou o Filho de Deus? Vão em frente, vão embora". Então, quando Ele perguntou aos seus Doze discípulos se eles queriam partir, a sua única resposta foi ficar, porque eles sabiam que Jesus era o Santo de Deus, e eles não tinham nenhum outro lugar para onde ir.

Agora, pense sobre o poder desta declaração. É simples, mas é verdadeira. Imagine Pedro e João e o restante dos rapazes, por ali, dizendo: "Quer saber, Senhor? Nós também não entendemos esse sermão. Ele não fez sentido para nós. Na verdade, ele pareceu bastante intenso — comer carne e beber sangue — e logicamente nós não o entendemos. Mas nós sabemos e cremos que Tu és o Filho de Deus. Não há ninguém como Tu. Tu transformaste as nossas vidas. Para onde poderíamos ir? Nós descobrimos a verdade, e nada se compara à verdade de conhecer-te. Não sabemos explicar logicamente tudo, mas nós sabemos que Tu és o Filho de Deus, e não podemos ir a nenhum outro lugar".

Eu posso imaginar o brilho nos olhos de Jesus, depois que Ele os ouviu responder desta maneira. O brilho nos seus olhos dizia: "Amigos, vocês realmente têm alguma coisa, porque diante de todas as outras pessoas que foram embora, vocês não foram. Mesmo não tendo compreendido tudo, vocês não recuaram".

Nem mesmo o próprio Jesus conseguiu dissuadi-los de segui-lo. Eu posso imaginar a alegria que Ele sentiu, percebendo que eles finalmente viram a verdade. O fato é, *se alguém conseguir persuadi-lo a seguir Jesus, então outra pessoa poderá dissuadir você disso*. Mas se Deus convencê-lo de que Ele é real e que Jesus é o seu Filho, então ninguém, nem mesmo o próprio Jesus, poderá dissuadir você de segui-lo.

É o momento de se deixar convencer por Deus. Permita que Ele abra os seus olhos para ver que Jesus é, realmente, o Filho de Deus. Quando você descobrir isto, poderá responder como os discípulos: "Para onde irei, e o que farei? Eu sei que és o Filho de Deus. Eu vou segui-lo.

Hoje, faça a você mesmo estas perguntas:

_______________________________________________

_______________________________________________

Se eu não estivesse seguindo Jesus, o que estaria fazendo?

A quem eu seguiria?

Quem seria o meu senhor e o meu deus?

## LISTA DE TAREFAS:

- ☐ Hoje, leia Marcos 4.
- ☐ Há algum pecado do qual você necessite se arrepender hoje?
- ☐ Você está agradecido porque Deus lhe perdoou?
- ☐ Você foi dissuadido de alguma parte do seu cristianismo?
- ☐ Passe algum tempo louvando e adorando a Deus.
- ☐ Hoje, ore por sua própria vida e pelo seu dia.
- ☐ Ore por sua família, pelos seus amigos e pelas autoridades.
- ☐ Ore pelas pessoas do mundo que ainda não são salvas.
- ☐ Pergunte a Deus se Ele deseja que você saia em uma viagem missionária nas próximas férias.

# Alguém Pode Fazer com que Você Desista?

## Dia 6

## Deixe Cair as Vendas dos Olhos

**O deus deste século cegou os entendimentos dos incrédulos, para que não lhes resplandeça a luz do evangelho da glória de Cristo, que é a imagem de Deus.**

**2 Coríntios 4.4**

Os homens estavam cegos para a luz do evangelho, desde os tempos da Bíblia, e ainda estão cegos agora. Quando os corações e as mentes das pessoas estão cegas, elas não conseguem ver Jesus como Ele realmente é. Por isso, as pessoas tentam explicar, ou tentam entender logicamente, mas não conseguem, porque Jesus fala a linguagem do coração.

Talvez você tenha dificuldade em falar às pessoas sobre Jesus. Você tenta explicar tudo logicamente, quando, na realidade, Jesus está falando a linguagem do coração. Ele está desejando entrar nos corações das pessoas, e não apenas nas suas mentes. Ele deseja que você encha a sua mente com a Palavra de Deus, depois que Ele estiver no seu coração, mas antes de mais nada, você precisa deixá-lo entrar.

Jesus preferiu ignorar a mente, ignorar a lógica, e entrar nos corações das pessoas. Satanás cegou os olhos das pessoas de tal maneira, que muitas vezes elas têm magníficas oportunidades de ver a obra de Deus, bem diante de seus olhos, e, no entanto, elas nem mesmo reconhecem-na. Isto é triste, mas eu creio que Satanás cegou os olhos de muitas pessoas das igrejas de hoje, que se dizem cristãs. Elas acompanham a maré e creem em tudo, em suas cabeças, mas os seus olhos estão cegos para o quanto Jesus é impressionante e incrível. Eles são salvos, porque não desejam ir para o inferno, mas nunca desfrutam um relacionamento apaixonado e fervoroso com o Deus vivo. Em suas mentes, eles estão convencidos, mas as suas vidas e os seus corações não foram transformados. Jesus deu a sua própria vida para nos dar uma vida convertida e transformada, interiormente. Ele pagou o preço para nos dar um novo coração. Continue a pedir que Deus abra os seus olhos, para que você não esteja, de maneira alguma, cego para a verdade do evangelho como estão muitas pessoas deste mundo.

Em Mateus 16.17, quando Jesus disse a Pedro que a carne e o sangue não lhe revelaram quem Ele era, mas, na verdade, o seu Pai, nos céus, é quem lhe tinha revelado, isso ajudou Pedro a entender como ele tinha chegado a esta conclusão. Isso não foi algo que Jesus tivesse lhe explicado cuidadosamente. Jesus não estava na Escola Dominical todos os dias, tentando convencer Pedro de que Ele era o Filho de Deus. Isso foi revelado a Pedro por Deus Pai.

Se você ainda não compreendeu, é hora de permitir que Deus convença-o. Ele quer se revelar a você. Ele quer remover as vendas de seus olhos espirituais, para que você possa ter um vislumbre de Jesus. E quando você tiver esse vislumbre de Jesus, e o vir como Ele realmente é, você nunca mais será o mesmo.

Hoje, seja honesto e pergunte a si mesmo:

Por que eu sou cristão?

___

___

___

___

Eu tenho um relacionamento apaixonado e fervoroso com Jesus?

___

___

___

___

## LISTA DE TAREFAS:

- ☐ Hoje, leia Marcos 5 e 6.
- ☐ Há algum pecado do qual você necessite se arrepender hoje?
- ☐ Você está agradecido porque Deus lhe perdoou?
- ☐ Você foi dissuadido de alguma parte do seu cristianismo?
- ☐ Passe algum tempo louvando e adorando a Deus.
- ☐ Hoje, ore por sua própria vida e pelo seu dia.
- ☐ Ore por sua família, pelos seus amigos e pelas autoridades.
- ☐ Ore pelas pessoas do mundo que ainda não são salvas.
- ☐ Pergunte a Deus se Ele deseja que você saia em uma viagem missionária nas próximas férias.

# Alguém Pode Fazer com que Você Desista?

## Dia 7

### Seguindo Jesus para Sempre

Jesus queria que Pedro compreendesse que aquilo que ele estava dizendo era uma evidência de que ele (Pedro) ouvira a voz de Deus Pai, e que ele (Pedro) agora tinha um vislumbre da verdade que é maior que a própria vida. Pedro não estava logicamente convencido de que Jesus fosse o Filho de Deus, mas Deus tinha aberto os seus olhos, para que ele visse a verdade e fosse convencido no seu coração.

Isso é o que é ser cristão. É seguir Jesus — o Jesus real — não algum grande líder que viveu há dois mil anos, mas o Jesus que ressuscitou dos mortos e está vivo hoje. Quando você perceber isso no fundo do seu coração, estará além da lógica, além do que todos os seus amigos dizem, além do que a pressão dos colegas diz, além do que Hollywood diz, além do que o rock'n'roll diz, e além do que dizem os músicos de rap. Você estará vivendo a realidade de Jesus.

O mundo fala sobre Deus e há muitas pessoas que falam sobre Jesus, mas de uma maneira muito mental e racional. Essas pessoas dizem: "Oh, sim, Jesus me salvou, Jesus isto, Jesus aquilo". Até mesmo as celebridades dizem, de vez em quando, coisas sobre Deus ou sobre Jesus.

Mas nós não estamos falando de um cristianismo que é confortável, nem um cristianismo que é conveniente. Nós estamos falando de um coração que foi dominado pela realidade de Jesus. Uma realidade que faz com que você se ajoelhe em louvor todos os dias. Uma realidade que faz com que você se levante todas as manhãs e diga: "Oh, Jesus, como posso viver a minha vida para Ti hoje? Eu sei que és real. Eu sei que estás vivo, e eu devo viver para Ti, com todo o meu coração. Ninguém me persuadiu, e ninguém poderá me dissuadir".

Quando nos perguntamos: "Alguém pode me dissuadir?", todos deveríamos, igualmente, pensar: *É claro que não.*

Mas faço a você estas perguntas:

Alguém já dissuadiu você de alguma *parte* do seu cristianismo?

Alguém já dissuadiu você de levar corajosamente a sua Bíblia à escola?

Alguém já dissuadiu você de explicar a sua camiseta cristã, ou até mesmo de usar a sua camiseta cristã?

Se eles conseguem dissuadi-lo de *parte* do seu cristianismo, eles poderão dissuadi-lo de *todo* o seu cristianismo. Mas quando você tem uma revelação de que Jesus é real, ninguém conseguirá dissuadi-lo novamente.

Faça uma lista de razões pelas quais você serve Jesus.

____________________________________

____________________________________

____________________________________

____________________________________

____________________________________

## LISTA DE TAREFAS:

- ☐ Hoje, leia Marcos 7 e 8.
- ☐ Há algum pecado do qual você necessite se arrepender hoje?
- ☐ Você está agradecido porque Deus lhe perdoou?
- ☐ Você foi dissuadido de alguma parte do seu cristianismo?
- ☐ Passe algum tempo louvando e adorando a Deus.
- ☐ Hoje, ore por sua própria vida e pelo seu dia.
- ☐ Ore por sua família, pelos seus amigos e pelas autoridades.
- ☐ Ore pelas pessoas do mundo que ainda não são salvas.
- ☐ Pergunte a Deus se Ele deseja que você saia em uma viagem missionária nas próximas férias.

Capítulo 5

# Permanecendo Fortes

[Não cessamos de orar por vós] para que possais andar dignamente diante do Senhor, agradando-lhe em tudo, frutificando em toda boa obra e crescendo no conhecimento de Deus; corroborados em toda a fortaleza, segundo a força da sua glória, em toda a paciência e longanimidade.

Colossenses 1.10,11

## Dia 1

## Em Busca de um Milagre

Sempre ouvimos falar sobre como Deus é grande, de modo que seria fácil pensar que se Deus é suficientemente grande, Ele pode convencer a todos nós que entreguemos os nossos corações a Ele — mas isso não é verdade. Ele não força a mensagem do evangelho a ninguém. Ele somente pode atrair aquelas pessoas cujos corações e olhos estejam abertos, e que desejem conhecer a verdade.

**E, chegando-se os fariseus e os saduceus para o tentarem, pediram-lhe que lhes mostrasse algum sinal do céu. Mas ele, respondendo, disse-lhes: Quando é chegada a tarde, dizeis: Haverá bom tempo, porque o céu está rubro. E pela manhã: Hoje haverá tempestade, porque o céu está de um vermelho sombrio. Hipócritas, sabeis diferençar a face do céu e não**

**conheceis os sinais dos tempos? Uma geração má e adúltera pede um sinal, e nenhum sinal lhe será dado, senão o sinal** do profeta **Jonas.**

**Mateus 16.1-4**

Eles estavam pedindo a Ele: "Ora, vamos, apenas mostra-nos um sinal. Se nos mostras um sinal, então poderemos crer que és o Filho de Deus". Eles desejavam reduzir Jesus ao seu nível e fazer com que Ele lhes mostrasse uma razão *lógica* e tangível para crer que Ele era o Filho de Deus. Jesus realizou milagres perto deles, mas eles não queriam crer nesses milagres — eles queriam ver o seu próprio milagre pessoal.

Jesus não mostraria um sinal aos fariseus e aos saduceus, porque Ele conhecia a iniquidade que havia em seus corações. O único sinal que Ele lhes daria era o sinal de Jonas, e todos eles conheciam a história de quando Jonas foi à cidade de Nínive e advertiu o povo da destruição que lhes viria, se eles não se arrependessem de seus maus caminhos. (Veja Jn 1—3). Jesus não queria convencê-los logicamente de que Ele era o Filho de Deus, porque Ele não queria que a sua fé fosse baseada em um milagre. Ele queria que os seus olhos se abrissem e a verdade lhe fosse revelada.

O problema é a atitude no seu pedido. Eles agiam como se desejassem conhecer Jesus apenas se Ele lhes mostrasse um sinal. Grande parte do mundo é assim. Eles creem se puderem ver um sinal. A própria essência disso é uma atitude e um espírito de zombaria. Na realidade, eles estão dizendo: "Se Tu és tão grande e poderoso, por que não provas?"

Jesus estava lhes dizendo: "Com este tipo de atitude, não conseguireis nada. Os vossos olhos não desejam ver. O vosso coração não está aberto para as coisas de Deus. Vós nem mesmo quereis conhecer a verdade, e Eu não vou desperdiçar um milagre com este tipo de atitude".

Hoje em dia, muitas pessoas, dizem: "Bem, se Deus apenas me mostrasse algum tipo de sinal, então eu creria". Mas se a sua fé nEle está baseada em um milagre, em que crerão, quando o entusiasmo provocado pelo milagre tiver passado? Será necessário outro milagre, talvez até mesmo mais magnífico, para sustentar a sua fé?

Precisamos nos certificar de que não estamos esperando outro sinal ou outra razão para crer em Jesus. Devemos basear a nossa fé e a nossa vida no conhecimento de que Jesus é real. Os nossos olhos foram abertos, e nós podemos vê-lo como Ele é. Se nunca virmos outro milagre, pelo resto das nossas vidas, ainda assim sabemos que Jesus está vivo, porque Ele transformou a nossa vida.

A sua fé em Jesus está baseada no que Ele fez na sua vida, ou em quem Ele é?

________________________________________
________________________________________
________________________________________
________________________________________

## LISTA DE TAREFAS:

- ☐ Hoje, leia Marcos 9.
- ☐ Há algum pecado do qual você necessite se arrepender hoje?
- ☐ Você está agradecido porque Deus lhe perdoou?
- ☐ Você foi dissuadido de alguma parte do seu cristianismo?
- ☐ Você tem uma revelação de Jesus hoje?
- ☐ Passe algum tempo louvando e adorando a Deus.
- ☐ Hoje, ore por sua própria vida e pelo seu dia.
- ☐ Ore por sua família, pelos seus amigos e pelas autoridades.
- ☐ Ore pelas pessoas do mundo que ainda não são salvas.
- ☐ Pergunte a Deus se Ele deseja que você saia em uma viagem missionária nas próximas férias.

# Permanecendo Fortes

## Dia 2

### Uma Fundação Firme

**Por isso, lhes falo por parábolas, porque eles, vendo, não veem; e, ouvindo, não ouvem, nem compreendem.**

**E neles se cumpre a profecia de Isaías, que diz: Ouvindo, ouvireis, mas não compreendereis e, vendo, vereis, mas não percebereis.**

**Porque o coração deste povo está endurecido, e ouviu de mau grado com seus ouvidos e fechou os olhos.**

**Mateus 13.13-15**

Muitas pessoas dizem: "Se pelo menos eu pudesse ver um milagre, eu creria", ou "Se Tu pudesses mostrar um milagre a todos os meus amigos da escola, eles creriam". Mas isso não é verdade. Era isso o que Jesus estava dizendo no Evangelho de Mateus. Eles viam os milagres e ouviam a sua pregação, no entanto não criam.

**E muita gente dos judeus soube que ele estava ali; e foram, não só por causa de Jesus, mas também para ver a Lázaro, a quem ressuscitara dos mortos. E os principais dos sacerdotes**

**tomaram deliberação para matar também a Lázaro, porque muitos dos judeus, por causa dele, iam e criam em Jesus.**

**João 12.9-11**

Quando os fariseus descobriram que Jesus ressuscitara Lázaro dos mortos, em lugar de crer que Jesus era o Filho de Deus, disseram: "Temos de matar Jesus e Lázaro".

Um milagre nem sempre assegura o resultado. Algumas vezes, como no caso dos fariseus, torna as pessoas ainda mais cínicas. Talvez você pense que um milagre os levaria a dizer: "Estamos brincando com o Filho de Deus". Mas não — a ressurreição de Lázaro os deixou ainda mais irritados e fez com que eles desejassem matar Jesus ainda mais. Se os corações das pessoas não desejam conhecer a verdade e os seus olhos não estão inclinados a ver a Verdade, então não importa quantos milagres aconteçam diante de seus olhos, elas preferirão não crer.

Você pode usar os milagres para tentar fazer com que as pessoas creiam em Jesus. Mas as pessoas com corações endurecidos e insensíveis frequentemente usarão esses milagres para dizer que Jesus é o Rei dos demônios e que é por isso que Ele expulsa os demônios. Elas usarão os mesmos milagres para tentar convencer outras pessoas de que Ele não é o Filho de Deus.

Não é uma questão de lógica, porque ser convencido por milagres não é ser suficientemente convencido. Nós não podemos basear a nossa fé em milagres. A nossa fé está no Deus que realiza os milagres, porque os nossos olhos foram abertos e nós sabemos que Jesus é o Filho de Deus. Quando a nossa fé está baseada em Deus e na sua Palavra, *nada* pode abalá-la.

A Bíblia diz que nos últimos dias haverá falsos milagres, realizados por falsos profetas. (Veja Ap 19.20). Se a sua fé está baseada unicamente nos milagres de Deus, o que acontecerá quando o demônio se apresentar fazendo falsos milagres? Precisamos basear a nossa fé na verdade de que Jesus está vivo, e sabemos que Ele transformou a nossa vida, na verdade que nós vemos na Palavra, e na verdade do fato de que os nossos olhos foram abertos, e nós o vimos.

**Todo aquele, pois, que escuta estas minhas palavras e as pratica, assemelhá-lo-ei ao homem prudente, que edificou a sua casa sobre a rocha.**

**E desceu a chuva, e correram rios, e assopraram ventos, e combateram aquela casa, e não caiu, porque estava edificada sobre a rocha.**

**Mateus 7.24,25**

Em que está baseada a sua fé?

________________________________________
________________________________________
________________________________________
________________________________________
________________________________________
________________________________________
________________________________________
________________________________________

## LISTA DE TAREFAS:

- ☐ Hoje, leia Marcos 10.
- ☐ Há algum pecado do qual você necessite se arrepender hoje?
- ☐ Você está agradecido porque Deus lhe perdoou?
- ☐ Você foi dissuadido de alguma parte do seu cristianismo?
- ☐ Você tem hoje uma revelação de Jesus?
- ☐ Passe algum tempo louvando e adorando a Deus.
- ☐ Hoje, ore por sua própria vida e pelo seu dia.
- ☐ Ore por sua família, pelos seus amigos e pelas autoridades.
- ☐ Ore pelas pessoas do mundo que ainda não são salvas.
- ☐ Pergunte a Deus se Ele deseja que você saia em uma viagem missionária nas próximas férias.

# Permanecendo Fortes

## Dia 3

## Retorno dos Mortos

Ora, havia um homem rico, e vestia-se de púrpura e de linho finíssimo, e vivia todos os dias regalada e esplendidamente. Havia também um certo mendigo, chamado Lázaro, que jazia cheio de chagas à porta daquele. E desejava alimentar-se com as migalhas que caíam da mesa do rico; e os próprios cães vinham lamber-lhe as chagas. E aconteceu que o mendigo morreu e foi levado pelos anjos para o seio de Abraão; e morreu também o rico e foi sepultado.

E, no Hades, ergueu os olhos, estando em tormentos, e viu ao longe Abraão e Lázaro, no seu seio. E, clamando, disse: Abraão, meu pai, tem misericórdia de mim e manda a Lázaro que molhe na água a ponta do seu dedo e me refresque a língua, porque estou atormentado nesta chama. Disse, porém, Abraão: Filho, lembra-te de que recebeste os teus bens em tua vida, e Lázaro, somente males; e, agora, este é consolado, e tu, atormentado. E, além disso, está posto um

**grande abismo entre nós e vós, de sorte que os que quisessem passar daqui para vós não poderiam, nem tampouco os de lá, passar para cá. E disse ele: Rogo-te, pois, ó pai, que o mandes à casa de meu pai, pois tenho cinco irmãos, para que lhes dê testemunho, a fim de que não venham também para este lugar de tormento. Disse-lhe Abraão: Eles têm Moisés e os Profetas; ouçam-nos. E disse ele: Não, Abraão, meu pai; mas, se algum dos mortos fosse ter com eles, arrepender-se-iam. Porém Abraão lhe disse: Se não ouvem a Moisés e aos Profetas, tampouco acreditarão, ainda que algum dos mortos ressuscite.**

**Lucas 16.19-31**

O clímax desta parábola é o rico pedindo a Abraão que fizesse Lázaro retornar dos mortos, para que este pudesse contar aos irmãos do rico o que acontecera com ele. Então eles creriam e não cometeriam o mesmo engano. A resposta de Abraão foi muito profunda.

Infelizmente, muitos pensam que se o milagre for suficientemente grande, ou se o sinal for suficientemente maravilhoso, todos crerão. Mas isso simplesmente não é verdade. Eles conheciam os milagres que Deus realizara por meio de Moisés e os Profetas, mas não se interessaram em ver a verdade. Enviar alguém de volta dos mortos não os convenceria para que cressem em seus corações.

Novamente, Jesus não procura convencer logicamente as mentes das pessoas — Ele busca os seus corações. Por quê? Porque é possível convencer logicamente as pessoas de que não existe Deus, com a mesma facilidade com que se pode convencê-las de que existe um Deus.

Por exemplo, muitas vezes eu ouvi sobre alguém que recebera uma cura milagrosa, e as pessoas descartavam o fato, dizendo: "Bem, provavelmente ele não estava assim tão doente".

Os médicos dirão: "Bem, provavelmente ele não tinha câncer. Nós devemos ter errado o diagnóstico".

Outros, ainda, dirão: "Provavelmente ele se recuperou rapidamente por causa de todas as vitaminas que toma".

As pessoas que não estão inclinadas à verdade não serão convencidas logicamente. Elas encontrarão maneiras de descartar um milagre, pensando que estavam tendo alguma alucinação ou que não estavam em seu juízo perfeito.

Este é outro exemplo pelo qual Deus não usa coisas lógicas para convencer as pessoas. Ele quer abrir os olhos delas e condenar os seus corações, de modo que quando entregarem a sua vida e disserem que creem, estarão fazendo isso porque sabem que Jesus é real.

Você está esperando um novo milagre que lhe *prove* alguma coisa? Ou você consegue crer que Deus é real simplesmente pelo que a sua Palavra diz?

_______________________________________________
_______________________________________________
_______________________________________________
_______________________________________________
_______________________________________________
_______________________________________________
_______________________________________________
_______________________________________________
_______________________________________________
_______________________________________________
_______________________________________________
_______________________________________________
_______________________________________________

Posicione-se com fé e diga: "Deus, eu quero saber que Tu és real na minha vida. Eu não quero procurar somente por sinais e prodígios, mas quero depositar a minha confiança e a minha fé completamente em Ti".

## LISTA DE TAREFAS:

- ☐ Hoje, leia Marcos 11.
- ☐ Há algum pecado do qual você necessite se arrepender hoje?
- ☐ Você está agradecido porque Deus lhe perdoou?
- ☐ Você foi dissuadido de alguma parte do seu cristianismo?
- ☐ Você tem hoje uma revelação de Jesus?
- ☐ Passe algum tempo louvando e adorando a Deus.
- ☐ Hoje, ore por sua própria vida e pelo seu dia.
- ☐ Ore por sua família, pelos seus amigos e pelas autoridades.
- ☐ Ore pelas pessoas do mundo que ainda não são salvas.
- ☐ Pergunte a Deus se Ele deseja que você saia em uma viagem missionária nas próximas férias.

# Permanecendo Fortes

## Dia 4

## Orando por Milagres

E, quando acabou de falar, disse a Simão: faze-te ao mar alto, e lançai as vossas redes para pescar. E, respondendo Simão, disse-lhe: Mestre, havendo trabalhado toda a noite, nada apanhamos; mas, porque mandas, lançarei a rede. E, fazendo assim, colheram uma grande quantidade de peixes, e rompia-se-lhes a rede. E fizeram sinal aos companheiros que estavam no outro barco, para que os fossem ajudar. E foram e encheram ambos os barcos, de maneira tal que quase iam a pique. E, vendo isso Simão Pedro, prostrou-se aos pés de Jesus, dizendo: Senhor, ausenta-te de mim, por que sou um homem pecador.

**Lucas 5.4-8**

Há ocasiões em que as pessoas que estão procurando a verdade verão milagres e isso lhes confirmará que Jesus está vivo e é real. Nesta passagem das Escrituras, os homens pescaram durante toda a noite, mas não apanharam nada. Tenha em mente que este era o seu ganha-pão. Eles eram pescadores por profissão. A pesca era o que colocava alimento sobre as suas mesas e roupas sobre os seus corpos. Uma noite de pesca sem nada a apresentar no dia seguinte não era nada bom. Assim, parecia um pouco ridículo voltar a sair, depois de limpar suas enormes redes, para tentar outra vez — mas eles o fizeram, simplesmente porque Jesus assim lhes disse. Eles saíram com fé.

Diante do fato de terem apanhado tão grande quantidade de peixes, Pedro percebeu que havia ocorrido um milagre. Eles não apanharam apenas alguns poucos peixes, eles apanharam o suficiente para encher o seu barco, e o barco de seus amigos, até que os dois barcos estivessem quase a ponto de afundar. É uma enorme quantidade de peixes!

Naquele momento, Simão Pedro percebeu algo. Ele estava procurando a verdade e respostas, e teve fé no seu coração, de modo que quando o milagre aconteceu diante dos seus olhos, ele se deu conta de que Jesus era o Filho de Deus. Ele reagiu como Zaqueu, e disse: "Senhor, ausenta-te de mim, por que sou um homem pecador. Eu tenho lixo em minha vida, e não mereço sequer estar perto de Ti".

O milagre ajudou a abrir os olhos espirituais de Pedro, porque ele já tinha fé em seu coração. Deus ainda realiza milagres hoje em dia? É claro que sim! Devemos orar por milagres? É claro que sim! Mas os milagres não têm o objetivo de *provar* quem é Jesus para aqueles que não têm o desejo de crer. Deus usa os milagres para *provocar* a sua fé. Então, o desejo pela verdade e por conhecer o Deus vivo explode, quando eles percebem que *este realmente é Ele!*

Pedro não se concentrou no milagre, mas se concentrou naquEle que estava por trás do milagre. O milagre deve apontar o caminho para o Deus que está por trás do milagre. Nós não devemos aceitar o milagre, devemos aceitar Deus.

Quando você perceber que Jesus realmente está vivo, que Ele realmente o ama, e que Ele realmente deseja que você o siga, a sua vida será transformada para sempre. Isso realmente remove as vendas dos seus olhos, para que você possa ver a verdade.

Talvez você esteja dizendo: "Eu amo Jesus com todo o meu coração, mas eu realmente gostaria de ver um milagre". Eu desafio você a dar uma olhada à sua volta. Há milagres que acontecem ao seu redor, dos quais você provavelmente nem tem ciência.

Você está respirando? Este é o milagre da vida! Você pode dizer que tudo o que você tem ou que tudo o que você conseguiu realizar se deve à sua própria capacidade e ao seu poder? É claro que não! Faça uma lista de todos os milagres da sua vida. Eu acredito que você ficará surpreso com a quantidade de milagres que entrarão na lista.

________________________________________
________________________________________
________________________________________
________________________________________
________________________________________
________________________________________
________________________________________
________________________________________
________________________________________
________________________________________
________________________________________

## LISTA DE TAREFAS:

- ☐ Hoje, leia Marcos 12.
- ☐ Há algum pecado do qual você necessite se arrepender hoje?
- ☐ Você está agradecido porque Deus lhe perdoou?
- ☐ Você foi dissuadido de alguma parte do seu cristianismo?
- ☐ Você tem hoje uma revelação de Jesus?
- ☐ Passe algum tempo louvando e adorando a Deus.
- ☐ Hoje, ore por sua própria vida e pelo seu dia.
- ☐ Ore por sua família, pelos seus amigos e pelas autoridades.
- ☐ Ore pelas pessoas do mundo que ainda não são salvas.
- ☐ Pergunte a Deus se Ele deseja que você saia em uma viagem missionária nas próximas férias.

# Permanecendo Fortes

## Dia 5

## Para quem Tiver Ouvidos

**E [Jesus] disse-lhes: Quem tem ouvidos para ouvir, que ouça.**

**Mc 4.9**

Jesus frequentemente concluía uma parábola com estas palavras. É quase como se Jesus nos desafiasse a ouvir. Como se Ele estivesse dizendo: "Vocês sabem, às vezes vocês me ouvem, mas não escutam, realmente. Vocês veem, mas não entendem realmente o que estão vendo. É mais do que uma simples história que vocês estão ouvindo — há *verdade* nesta parábola". É quase como se Ele estivesse contando estas parábolas e realizando estes milagres para provocar a fé das pessoas, para ver quem eram aqueles cujos ouvidos estavam alertas, aqueles que estavam famintos pela verdade, e aqueles que estavam com os seus olhos abertos.

Jesus lhes disse: "Ouçam atentamente. Se vocês realmente desejarem isso, é melhor que ouçam atentamente". Assim, aqueles que desejassem a verdade vinham e ouviam repetidas vezes.

Eles diziam: "Há alguma coisa real nesta mensagem. Eu não consigo compreendê-la completamente, mas aqui há verdade. Há algo de real com este homem. Ele fala com autoridade, e fala como se tivesse estado ali".

Jesus os estava desafiando: "Homem, não ouça da maneira como você ouve normalmente — ouça com fé. Ouça com um coração aberto".

Ele desejava provocar os que o aceitariam, uma vez que descobrissem quem Ele era. Ele faz a mesma coisa hoje. Jesus não anda por aí exibindo os seus músculos, dizendo: "Eu sou o Filho de Deus. Eu sou o Filho de Deus". Ele está procurando por aqueles que têm corações famintos. Ele está procurando por aqueles que não querem ser convencidos logicamente, mas que desejam ser transformados interiormente. Ele está procurando pelas pessoas que desejam ter um encontro diário com Deus — aqueles que desejam envolvê-lo em sua vida.

Jesus está procurando por pessoas exatamente como você, para viver este tipo de vida. Ele não precisa provar a si mesmo — Ele sabe quem Ele é. Ele está procurando por aqueles que têm olhos que desejam ser abertos.

Os seus olhos desejam ser abertos?

Deus não vai tornar o seu coração faminto pela verdade — somente você pode fazer isso acontecer. Como? Certificando-se de que você passa algum tempo com o Senhor todos os dias, cada dia. Depois de ler Marcos 13 hoje, entoe cânticos a Ele, e ore. A seguir, escreva o que você viu quando o Espírito Santo abriu os seus olhos.

________________________________________

________________________________________

________________________________________

________________________________________

________________________________________

________________________________________

________________________________________

________________________________________

Isso não somente o prepara para o seu dia, mas fará com que você se perceba cada vez mais faminto pelas coisas de Deus amanhã.

## LISTA DE TAREFAS:

- ☐ Hoje, leia Marcos 13.
- ☐ Há algum pecado do qual você necessite se arrepender hoje?
- ☐ Você está agradecido porque Deus lhe perdoou?
- ☐ Você foi dissuadido de alguma parte do seu cristianismo?
- ☐ Você tem hoje uma revelação de Jesus?
- ☐ Passe algum tempo louvando e adorando a Deus.
- ☐ Hoje, ore por sua própria vida e pelo seu dia.
- ☐ Ore por sua família, pelos seus amigos e pelas autoridades.
- ☐ Ore pelas pessoas do mundo que ainda não são salvas.
- ☐ Pergunte a Deus se Ele deseja que você saia em uma viagem missionária nas próximas férias.

# Permanecendo Fortes

## Dia 6

### O Mundo Consegue Ver Jesus em Você?

Ora, Tomé, um dos doze, chamado Dídimo, não estava com eles quando veio Jesus.

Disseram-lhe, pois, os outros discípulos: Vimos o Senhor. Mas ele disse-lhes: Se eu não vir o sinal dos cravos em suas mãos, e não puser o dedo no lugar dos cravos, e não puser a minha mão no seu lado, de maneira nenhuma o crerei. E, oito dias depois, estavam outra vez os seus discípulos dentro, e, com eles, Tomé. Chegou Jesus, estando as portas fechadas, e apresentou-se no meio, e disse: Paz seja convosco! Depois, disse a Tomé: Põe aqui o teu dedo e vê as minhas mãos; chega a tua mão e põe-na no meu lado; não sejas incrédulo, mas crente.

Tomé respondeu e disse-lhe: Senhor meu, e Deus meu! Disse-lhe Jesus: Porque me viste, Tomé, creste; bem-aventurados os que não viram e creram!

João 20.24-29

Em outras palavras, Jesus estava dizendo: "Bem-aventurados são os que sabem que sou real, embora nunca toquem pessoalmente o meu lado".

Se esta é a sua atitude, então não importa o que alguém lhe diz ou faz, nunca conseguirão convencê-lo de que Jesus não é real, porque você o *conhece*.

Há uma história de dois homens que estiveram em um campo de concentração nazista durante a Segunda Guerra Mundial. Um deles era um ministro cristão, e o outro era um intelectual ateu, muito esperto. O ateu zombava do cristão pela sua fé:

— Como você pode crer no Filho de Deus? Como você sabe que Ele é real? Você o viu alguma vez?

Certo dia, o ministro respondeu:

— Sim, eu o vi.

— É mesmo? Eu suponho que você tenha falado com Ele também.

— Sim, eu falo com Ele.

Finalmente, o ateu perguntou:

— Como Ele é realmente?

— Bem — disse o ministro — às vezes Ele sorri para mim.

O ateu respondeu:

— É mesmo? Ele sorri para você? E qual é a aparência dEle, quando sorri?

O ministro, com um rosto judiado por estar em um campo de prisioneiros durante tantos anos, olhou para este ateu incrédulo, e começou a sorrir com um brilho do céu.

Isso fez com que o ateu modificasse completamente o seu coração, e ele respondeu, dizendo:

— Eu acredito que você tenha visto Jesus.

O que o mundo está dizendo sobre você? Os seus amigos sabem que você é cristão, porque você diz isso a eles, ou porque você vive o seu cristianismo?

________________________________________

________________________________________

________________________________________

Se Jesus realmente o transformou interiormente, deixe que isso apareça exteriormente. O que modificou o coração deste ateu não foi algo que ele ouviu, foi algo que ele viu. Que as suas palavras e os seus atos sejam a evidência de um coração cheio de Jesus e de uma vida transformada por Jesus.

## LISTA DE TAREFAS:

- ☐ Hoje, leia Marcos 14 e 15.
- ☐ Há algum pecado do qual você necessite se arrepender hoje?
- ☐ Você está agradecido porque Deus lhe perdoou?
- ☐ Você foi dissuadido de alguma parte do seu cristianismo?
- ☐ Você tem hoje uma revelação de Jesus?
- ☐ Passe algum tempo louvando e adorando a Deus.
- ☐ Hoje, ore por sua própria vida e pelo seu dia.
- ☐ Ore por sua família, pelos seus amigos e pelas autoridades.
- ☐ Ore pelas pessoas do mundo que ainda não são salvas.
- ☐ Pergunte a Deus se Ele deseja que você saia em uma viagem missionária nas próximas férias.

# Permanecendo Fortes

## Dia 7

## Que Evidência Você Oferece?

Nós podemos falar logicamente sobre Jesus o quanto quisermos, mas como aprendemos nestas últimas semanas, Jesus nunca tentou convencer ninguém logicamente. A evidência mais importante que você tem para mostrar às pessoas que Jesus é real é a *sua vida*. A sua evidência é a sua vida. Se as pessoas não puderem ver que Jesus é real, pela maneira como você olha para elas, pela maneira como fala com elas e a maneira como você age, então você não deve tentar convencê-las logicamente.

As pessoas se convencerão de que Jesus é real quando puderem *ver* que um milagre aconteceu no seu coração, e não houver como explicá-lo, exceto porque deve ser Deus. Os seus amigos precisam ver algo muito maior do que a lógica. Eles precisam ver que o poder do Deus vivo impactou a sua vida e a transformou. Você pode ser humano, mas há algo mais do que humano, que vive dentro de você, que é real e arde de amor e compaixão pelas pessoas — pronto para servir, para dar, e para cuidar. As pessoas precisam ver que existe uma força fora deste mundo que veio para viver dentro de você — a presença e o amor de Jesus Cristo.

Eu estou convencido ou estou convertido?

Jesus realmente transformou a minha vida ou isso é coisa só da minha cabeça?

Alguém pode me dissuadir disso?

Eu tenho uma revelação de Jesus?

Faça a você estas perguntas, todos os dias. A seguir, ajoelhe-se, e do fundo do seu coração, clame a Deus, pedindo-lhe que abra os seus olhos espirituais, para que você possa ter uma visão de Jesus como nunca o viu antes. Permita que 2 Coríntios 5.17 viva no seu coração. Aceite o fato de que as coisas velhas da sua vida já passaram, tudo se fez novo e Jesus o transformou interiormente.

Você não é perfeito, mas isso é algo que você pode almejar alcançar todos os dias, e cada dia. Faça comigo esta oração.

*Senhor, há muitas áreas específicas que eu preciso modificar, mas sei que Tu me transformaste das trevas para a luz. Eu estava morto por dentro, mas agora estou vivo. Jesus, eu preciso de uma visão de Ti. Eu quero a evidência de uma vida transformada, para mostrar a este mundo. Eu não quero apenas contar a este mundo sobre Ti, eu quero mostrar a todos, pela maneira como eu vivo, pela maneira como amo, e pela maneira como ajo, que eu encontrei o Deus Todo-poderoso e o seu Filho, Jesus Cristo. Em nome de Jesus eu oro, amém.*

Eu encorajo você a conservar um coração puro. Verifique a sinceridade do seu coração regularmente. Tenha um desejo puro, santo e sincero, de conhecer mais a Deus. Aprenda mais sobre s Senhor e cresça nEle, e isso fará com que você veja Jesus de uma maneira muito real.

O relacionamento dEle com você nunca ficará estagnado, se você conservar Jesus diante do seu rosto, e no seu coração. Se você conservar um coração puro, limpo e perdoado, pelo sangue de Jesus, você sempre verá Deus.

1. Faça uma lista das coisas que você pratica que retratam Jesus.

______________________________________________

______________________________________________

______________________________________________

______________________________________________

2. Faça uma lista das coisas que você pratica que não retratam Jesus.

______________________________

______________________________

______________________________

______________________________

3. Procure aumentar a primeira lista, e diminuir a segunda!

______________________________

______________________________

______________________________

______________________________

## LISTA DE TAREFAS:

- ☐ Hoje, leia Marcos 16 e Lucas 1.
- ☐ Há algum pecado do qual você necessite se arrepender hoje?
- ☐ Você está agradecido porque Deus lhe perdoou?
- ☐ Você foi dissuadido de alguma parte do seu cristianismo?
- ☐ Você tem hoje uma revelação de Jesus?
- ☐ Passe algum tempo louvando e adorando a Deus.
- ☐ Hoje, ore por sua própria vida e pelo seu dia.
- ☐ Ore por sua família, pelos seus amigos e pelas autoridades.
  Ore pelas pessoas do mundo que ainda não são salvas.
- ☐ Pergunte a Deus se Ele deseja que você saia em uma viagem missionária nas próximas férias.

Capítulo 6

# Você já Entregou tudo a Jesus?

*Também o Reino dos céus é semelhante a um tesouro escondido num campo que um homem achou e escondeu; e, pelo gozo dele, vai, vende tudo quanto tem e compra aquele campo. Outrossim, o Reino dos céus é semelhante ao homem negociante que busca boas pérolas; e, encontrando uma pérola de grande valor, foi, vendeu tudo quanto tinha e comprou-a.*

*Mateus 13.44-46*

## Dia 1

## Você É Motivado por um Sentimento de Obrigação?

Quando percebermos o que Jesus fez por nós, devemos estar dispostos a fazer alguma coisa para retribuir. Ele deixou o céu, veio a esta terra como um ser humano, sofreu perseguição, e foi pregado à cruz, para que pudéssemos ter um relacionamento com Deus. Os nossos corações devem estar dominados por tanta gratidão a ponto de fazermos *qualquer coisa* por Ele. Nós não podemos fazer nada para conquistar a nossa salvação através de um senso de obrigação, porque Ele pagou o preço supremo.

Muitas pessoas que têm um cristianismo do tipo "cerebral" agem como se estivessem fazendo um favor a Deus, comparecendo à igreja aos domingos. Se vão aos cultos nas noites de quarta-feira, pensam que são praticamente missionárias!

Há muitas pessoas que ficarão expostas a temperaturas abaixo de zero durante horas — ignorando a chuva e a neve — para comprar ingressos para um jogo de futebol. Elas aplaudirão, gritarão e delirarão neste jogo de futebol, pelo qual pagaram centenas de dólares, porque são fanáticas pelo seu time. No entanto, se começa a chover um pouco no domingo, elas não vão à igreja.

Jesus está apenas na sua cabeça, ou Ele realmente transformou a sua vida? Você pode responder a esta pergunta, com outra: O que eu estou disposto a fazer por Jesus? Quando o pastor ou o líder de jovens pede um voluntário, você é o primeiro a se apresentar, ou diz: "Oh, será que eu tenho que fazer aquilo outra vez?"

Você já pensou em partir em uma viagem missionária — ir a algum lugar para transformar o mundo? Ou a sua reação é: "Por que eu tenho que fazer isso? Eu tenho que fazer isso para ser um bom cristão?" Há algum sentimento de *obrigação* ou um sentimento de *privilégio*? A sua resposta deveria ser: "Uau, o Senhor vai me deixar fazer isso? Ele vai permitir que eu faça algo a seu serviço para representá-lo?"

O que você está disposto a fazer por Jesus?

________________________________________

________________________________________

________________________________________

________________________________________

________________________________________

________________________________________

Se você não está disposto a fazer muita coisa, então eu proponho outra pergunta: Ele realmente transformou a sua vida? Ele está apenas no seu cérebro ou Ele realmente afetou o seu coração e a sua vida? Se Ele afetou o seu coração e a sua vida, você fará qualquer coisa por Ele.

## LISTA DE TAREFAS:

- ☐ Hoje, leia Lucas 2.
- ☐ Há algum pecado do qual você necessite se arrepender hoje?
- ☐ Você está agradecido porque Deus lhe perdoou?
- ☐ Você foi dissuadido de alguma parte do seu cristianismo?
- ☐ Você dará tudo de si hoje a Jesus?
- ☐ Passe algum tempo louvando e adorando a Deus.
- ☐ Hoje, ore por sua própria vida e pelo seu dia.
- ☐ Ore por sua família, pelos seus amigos e pelas autoridades.
- ☐ Ore pelas pessoas do mundo que ainda não são salvas.
- ☐ Pergunte a Deus se Ele deseja que você saia em uma viagem missionária nas próximas férias.

# Você já Entregou Tudo a Jesus?

## Dia 2

### Motivado pela Alegria

**Porque onde estiver o vosso tesouro, ali estará também o vosso coração.**

**Lucas 12.34**

Mateus 13.44-46 nos conta a história do homem que descobriu um tesouro em um campo. Ele estava tão certo do tesouro, que vendeu tudo para poder comprar o campo. Esse campo valia tudo o que ele tinha, porque o tesouro estava ali. Ele deu tudo em troca do tesouro. Isso significava que ele já não tinha mais tudo o que possuía anteriormente. Este é um retrato perfeito do tipo de descoberta que Jesus deseja que você faça nEle.

Você descobriu o tesouro de Jesus? Muitas vezes, as pessoas sentem que o cristianismo é uma obrigação: "OK, eu tenho que ir à igreja todas as semanas. Eu tenho que usar estas roupas. Eu não posso fazer isso, e não posso fazer aquilo". Parece um monte de regras, obedecidas por obrigação, mas apenas se o cristianismo for assim, apenas na sua cabeça. Se você for apenas um cristão mental, o cristianismo será uma lista de regras. Mas o homem que encontrou o tesouro ficou tão entusiasmado pelo que encontrou que não se importou por vender tudo o que tinha. **Pelo gozo dele**, [ele] **vai, vende tudo quanto tem** (Mt 13.44).

Este é o tipo de atitude que os cristãos que foram transformados pelo poder de Deus trazem. Na sua alegria, eles deram a sua vida. Na sua alegria, eles deram todas as partes do seu coração a Deus. Não é um monte de regras que eles seguem agora. Eles tiveram toda a sua vida e o seu coração transformados, e nada importa além disso. Eles percebem que o que tinham sem Jesus não era nada, por isso *alegremente* abrem mão de tudo.

Você está servindo a Jesus por um sentimento de obrigação?

Você é cristão apenas porque é o que se espera de você?

Você considera um privilégio abrir mão de tudo, para poder obter este tesouro?

Você adora a Jesus com alegria?

Você segue as Escrituras com alegria?

Você vai à igreja, lê a sua Bíblia e tem o seu momento devocional diário com alegria?

**Far-me-ás ver a vereda da vida; na tua presença há abundância de alegrias; à tua mão direita há delícias perpetuamente.**

**Salmos 16.11**

**Mas o fruto do Espírito é: caridade, gozo, paz, longanimidade, benignidade, bondade, fé, mansidão, temperança. Contra essas coisas não há lei.**

**Gálatas 5.22,23**

Ele lhe deu alegria, quando você lhe pediu, no seu coração. Agora cabe a você exercê-la. Em tudo o que fizer, decida responder com alegria!

Faça uma lista de situações em que você precisa se aprimorar para responder com alegria:

________________________________________________

________________________________________________

## LISTA DE TAREFAS:

- ☐ Hoje, leia Lucas 3.
- ☐ Há algum pecado do qual você necessite se arrepender hoje?
- ☐ Você está agradecido porque Deus lhe perdoou?
- ☐ Você foi dissuadido de alguma parte do seu cristianismo?
- ☐ Você dará tudo de si hoje a Jesus?
- ☐ Passe algum tempo louvando e adorando a Deus.
- ☐ Hoje, ore por sua própria vida e pelo seu dia.
- ☐ Ore por sua família, pelos seus amigos e pelas autoridades.
- ☐ Ore pelas pessoas do mundo que ainda não são salvas.
- ☐ Pergunte a Deus se Ele deseja que você saia em uma viagem missionária nas próximas férias.

# Você já Entregou tudo a Jesus?

## Dia 3

### Você realmente Encontrou o Tesouro?

As pessoas que não têm alegria no seu cristianismo têm uma pergunta muito séria a fazer: Elas realmente encontraram o tesouro? Quando o homem encontrou o tesouro, ficou frenético, muito entusiasmado, e vendeu tudo o que tinha (Mt 13).

Eu posso imaginar os seus amigos dizendo: "Você está louco! Por que você está fazendo isso?" Talvez os seus amigos tenham dito isso quando você entregou a sua vida a Jesus. Se isso aconteceu, não há problema. Isso significa que a transformação que Jesus operou dentro de você é vista em suas palavras e em seus atos. Você é uma pessoa modificada, por dentro e por fora.

Se as pessoas à sua volta não pensaram que você ficou louco, talvez devessem ter pensado. Talvez elas não tenham visto nenhuma mudança no seu comportamento. Talvez você não tenha entregado todas as partes da sua vida a Ele. Talvez você ainda esteja preso a certas áreas que ainda precisa entregar a Jesus, para que Ele possa limpar-lhe completamente e libertá-lo.

Este homem teve que vender tudo o que tinha para comprar o campo em que estava o tesouro. Talvez você tenha que se livrar de algumas coisas às quais se apega, para poder obter o tesouro. Talvez você precise se livrar de alguns CDs, livros e revistas que realmente são apenas lixo na sua vida. Talvez você precise deixar de ver certos tipos de filmes. Perceba que o tesouro que você tem é mais importante do que qualquer outra coisa.

Você encontrou o tesouro?

Você apenas segue a maré, com um sentimento de obrigação?

Você percebeu como é impressionante conhecer a Jesus?

Examine o seu coração. Quando você descobrir o tesouro, nada mais importará. Você ficará tão hipnotizado, entusiasmado, emocionado, eufórico, extasiado e ardente com relação ao tesouro que nem mesmo se importará com aquilo de que precisará abrir mão para poder ter o tesouro.

Você realmente encontrou o tesouro?

________________________________________
________________________________________
________________________________________
________________________________________
________________________________________
________________________________________
________________________________________

### LISTA DE TAREFAS:

- ☐ Hoje, leia Lucas 4.
- ☐ Há algum pecado do qual você necessite se arrepender hoje?
- ☐ Você está agradecido porque Deus lhe perdoou?
- ☐ Você foi dissuadido de alguma parte do seu cristianismo?
- ☐ Você dará tudo de si hoje a Jesus?
- ☐ Passe algum tempo louvando e adorando a Deus.
- ☐ Hoje, ore por sua própria vida e pelo seu dia.
- ☐ Ore por sua família, pelos seus amigos e pelas autoridades.
- ☐ Ore pelas pessoas do mundo que ainda não são salvas.
- ☐ Pergunte a Deus se Ele deseja que você saia em uma viagem missionária nas próximas férias.

# Você já Entregou Tudo a Jesus?

## Dia 4

### A Pérola de Grande Valor

Mateus 13.45 nos conta outra parábola sobre descobrir um grande tesouro — uma pérola de grande valor. Quando o negociante encontrou a pérola, também vendeu tudo o que tinha para poder comprar esta pérola. Quando você descobrir que a pérola vale mais do que qualquer outra coisa que você pensou possuir, então alegremente abrirá mão das coisas que pensava que eram valiosas.

Jesus está tentando reiterar a você a magnificência e a alegria de conhecê-lo. Ele é a pérola. Ele é o tesouro. É uma descoberta que fazemos — não algo de que fomos convencidos logicamente. Quando descobrir a pérola e encontrar o tesouro, de repente você descobrirá alguma coisa que terá valor maior do que qualquer outra coisa que você tiver, e estará disposto a abrir mão de tudo, porque você descobriu algo que é totalmente surpreendente.

O que significa *vender tudo*? O homem da primeira história vendeu tudo para comprar o campo, para que pudesse ter o tesouro. O que significa para nós, como cristãos, vender tudo? Nós estamos acostumados a ouvir chamados do altar: "Venham e entreguem a sua vida a Jesus. Tudo o que vocês têm de fazer é repetir esta oração...", mas Jesus nunca disse: "Tudo o que vocês têm de fazer". Ele disse que quer *tudo*. Ele não quer *parte* da sua vida, Ele quer *toda* a sua vida.

Nós temos um bom número de cristãos do tipo "tudo o que você tem de fazer". Eles querem que você faça uma oração com eles muito depressa, que você entregue o seu coração a Jesus, e tudo ficará bem — você pode continuar a viver a sua vida. Mas Jesus nunca disse isso. Ele comparou a situação a este homem. Ele disse que devemos vender *tudo*, entregar todas as partes da nossa vida a Ele — até mesmo a parte feia.

Depois que tudo foi dito e feito, a única coisa que este homem tinha era o tesouro — que valia muito mais do que qualquer coisa que ele tivera de vender. A mesma coisa é válida para nós. Quando nos submetemos totalmente a Jesus, ficamos com um grande tesouro — que é muito mais valioso do que qualquer coisa de que tenhamos que abrir mão. Isso inclui a nossa vida privada, o nosso tempo livre, as nossas férias, o nosso tempo na escola — nós não possuímos nem a nós mesmos. Ele nos possui. Nós pertencemos a Ele. Ele é o nosso Senhor e o nosso chefe. Ele está no comando.

Quando você vende tudo para comprar o campo, isso significa que você não possui mais nada. Quando você entrega completamente a sua vida a Jesus, você não possui mais nenhuma parte dela. Muitos cristãos encontram o tesouro, mas não desejam vender tudo o que têm. Eles desejam conservar algumas coisas e ainda ter o tesouro. Assim, eles pensam que têm o tesouro, mas não o têm, porque não venderam tudo. Eles dizem: "Bem, eu tenho Jesus, mas vou me apegar a algumas partes da minha vida, a algumas áreas do meu coração, e a alguns costumes de estimação". Mas eles não têm nada além de um aperitivo do tesouro.

Você já encontrou a pérola?

Você ouve música que não edifica o seu espírito nem traz honra a Jesus?

Você passa tempo demais assistindo à televisão, e tempo insuficiente lendo a sua Bíblia e orando?

Os seus amigos lhe influenciam de uma maneira mundana ou de uma maneira piedosa?

Você se livrou das coisas da sua vida que impediam que você tivesse o tesouro dentro de si? Se você não fez isso, é hora de encontrar a pérola chamada Jesus. Examine as coisas que são importantes na sua vida. Você pode começar com esta lista:

| Coisa Importante | Ação Necessária para Colocar Jesus em Primeiro Lugar |
|---|---|
| | |
| | |
| | |
| | |
| | |
| | |

Faça de Jesus o seu tesouro. Decida hoje colocá-lo em primeiro lugar na sua vida — muito acima de todo o resto.

**LISTA DE TAREFAS:**

- ☐ Hoje, leia Lucas 5.
- ☐ Há algum pecado do qual você necessite se arrepender hoje?
- ☐ Você está agradecido porque Deus lhe perdoou?
- ☐ Você foi dissuadido de alguma parte do seu cristianismo?
- ☐ Você dará tudo de si hoje a Jesus?
- ☐ Passe algum tempo louvando e adorando a Deus.
- ☐ Hoje, ore por sua própria vida e pelo seu dia.
- ☐ Ore por sua família, pelos seus amigos e pelas autoridades.
- ☐ Ore pelas pessoas do mundo que ainda não são salvas.
- ☐ Pergunte a Deus se Ele deseja que você saia em uma viagem missionária nas próximas férias.

# Você já Entregou Tudo a Jesus?

## Dia 6

### Mostrando o Tesouro às Pessoas

Evangelizar nada mais é do que mostrar às pessoas o tesouro de Jesus Cristo. Não precisamos convencê-las. Apenas temos de fazer tudo o que pudermos para mostrar a elas que Jesus realmente é o tesouro. Nós não temos de tentar fazer com que elas entendam tudo logicamente, não temos de seduzi-las, absorvê-las nem empurrar o assunto por suas gargantas, para mostrar a elas o tesouro incrível que Ele é. Ele é aquEle que elas estavam procurando. Ele é aquEle por quem nós estamos vendendo tudo. Ele é aquEle a quem vale a pena entregarmos os nossos corações, a quem vale a pena entregarmos a nossa vida.

É sobre o tesouro — é sobre Jesus. Não é sobre nós, não é sobre esta ou aquela passagem das Escrituras, nem estamos falando de entender de uma forma lógica. Ele é o Filho de Deus. Ele é o autor da vida. Ele é aquEle que dá a vida. Ele é aquEle que transforma corações. Ele é o tesouro — aquEle que perdoa, restaura, e transforma vidas. Ele é aquEle a quem servimos, aquEle que deu a sua vida por nós, e aquEle que pagou o sacrifício supremo pela nossa liberdade e paz eternas.

Nós apenas temos de mostrar o tesouro às pessoas! Elas não têm que entender tudo sobre a Bíblia ou o evangelho. Tudo o que elas têm que entender é que Ele é a resposta à sua pergunta. Ele é a resposta para o seu problema. Ele é o tesouro pelo qual vale a pena que elas entreguem toda a sua vida, de modo que quando nós lhes pedimos que façam a oração de salvação, elas não estejam apenas repetindo uma oração com o seu cérebro. Os seus olhos foram abertos, e elas podem ver que Ele é o tesouro. Elas estão prontas para vender tudo para poder comprar esse campo, porque encontraram o tesouro que está no campo. Como resultado, elas estão preparadas para vender tudo. Elas estão preparadas para abrir mão da propriedade da sua vida, em troca de um relacionamento com Jesus.

Você está mostrando às pessoas o tesouro de Jesus que está dentro de você?

Sabendo que tem o tesouro, você está confiando que *Ele* dará as respostas de que você precisa? Faça uma lista de quem você procura, quando diferentes situações acontecem na sua vida. A seguir, pergunte a si mesmo se você procuraria Jesus antes.

| Situação | Pessoa que eu Procuro | Jesus em Primeiro Lugar? |
|---|---|---|
| | | |
| | | |
| | | |
| | | |
| | | |
| | | |
| | | |
| | | |
| | | |
| | | |
| | | |

## LISTA DE TAREFAS:

- ☐ Hoje, leia Lucas 6 e 7.
- ☐ Há algum pecado do qual você necessite se arrepender hoje?
- ☐ Você está agradecido porque Deus lhe perdoou?
- ☐ Você foi dissuadido de alguma parte do seu cristianismo?
- ☐ Você dará tudo de si hoje a Jesus?
- ☐ Passe algum tempo louvando e adorando a Deus.
- ☐ Hoje, ore por sua própria vida e pelo seu dia.
- ☐ Ore por sua família, pelos seus amigos e pelas autoridades.
- ☐ Ore pelas pessoas do mundo que ainda não são salvas.
- ☐ Pergunte a Deus se Ele deseja que você saia em uma viagem missionária nas próximas férias.

# Você já Entregou tudo a Jesus?

## Dia 7

### Entregando tudo a Ele

O que você está disposto a fazer por Ele?

Você está disposto a vender tudo?

Se você vendeu todo o seu campo para comprar o tesouro, e se entregou toda a sua vida, em troca da vida que Ele lhe dá, então você fará *qualquer coisa por Ele*. Você não se importa com o que será. Se Ele pedir que você vá à África ou à Ásia em uma viagem missionária, você irá. Se Ele pedir que você deixe de amaldiçoar, ou deixe de fumar, você fará isso. Nada disso realmente importa, porque Ele lhe deu vida.

Você pode pensar, *Bem, eu não sei se o Senhor me pediu para fazer alguma coisa específica*. Mas como estão a sua integridade e o seu caráter? Você se pergunta frequentemente: "O que Jesus faria ou diria nesta situação em particular?" Ou você toma decisões com base no que os seus amigos dizem que é bacana?

**Julga-me, Senhor, pois tenho andado em minha sinceridade; tenho confiado também no Senhor [com grande expectativa e esperança]; não vacilarei.**

**Salmos 26.1**

**O justo é libertado da angústia, e o ímpio fica em seu lugar.**

**Provérbios 11.8**

E quanto a ser submisso à sua mãe e ao seu pai? Você está tão determinado a fazer aquilo que deseja fazer, que nem mesmo ouve o que sua mãe ou seu pai lhe dizem? Só porque você é adolescente, isso não quer dizer que você tem de ser rebelde. Isso é uma mentira do fundo do inferno! Como você pode esperar ouvir a Deus, a quem você não consegue ver, quando não escuta os seus pais, a quem você consegue ver? Como Deus pode confiar você a uma posição de autoridade, se você não se submete aos que foram colocados em posição de autoridade sobre você, nem os respeita?

**Vós, filhos, sede obedientes a vossos pais no Senhor, porque isto é justo. Honra a teu pai e a tua mãe, que é o primeiro mandamento com promessa, para que te vá bem, e vivas muito tempo sobre a terra.**

**Efésios 6.1-3**

Nada desta terra pode se comparar à grandeza da vida eterna que está dentro de você. Se você não entregou tudo o que você é, em troca de Jesus, o tesouro, este é o momento de fazê-lo.

Eu quero que você faça comigo a seguinte oração. Se já o fez, então faça outra vez. Certifique-se de que você entregou tudo a Ele.

*Senhor Jesus, eu te dou tudo de mim. Cada pedaço de meu coração, cada pedaço de minha vida, tudo pertence a ti. Não pertence a mim. Eu dou tudo, em troca da nova vida que tu me dás, porque eu sei que tu deste tudo por mim. Eu entrego a ti todas as partes de mim. Tudo pertence a ti — as minhas férias, os meus dias na escola, o meu tempo com os meus pais, o meu futuro, a minha carreira, o meu emprego, a minha educação na faculdade, tudo, pertence a ti. Eu submeto a minha vida a ti, porque tu deste a tua vida, e a puseste dentro de mim. Em nome de Jesus eu oro, amém.*

Pergunte hoje a Jesus se existe alguma coisa de que Ele deseja que você abra mão, para ter um relacionamento mais íntimo com Ele. O que Ele disse?

________________________________________

________________________________________

Esteja aberto para ouvir a sua voz. Esteja aberto para segui-lo. Esteja aberto para as mudanças que virão à sua vida.

## LISTA DE TAREFAS:

- ☐ Hoje, leia Lucas 8 e 9.
- ☐ Há algum pecado do qual você necessite se arrepender hoje?
- ☐ Você está agradecido porque Deus lhe perdoou?
- ☐ Você foi dissuadido de alguma parte do seu cristianismo?
- ☐ Você dará tudo de si hoje a Jesus?
- ☐ Passe algum tempo louvando e adorando a Deus.
- ☐ Hoje, ore por sua própria vida e pelo seu dia.
- ☐ Ore por sua família, pelos seus amigos e pelas autoridades.
- ☐ Ore pelas pessoas do mundo que ainda não são salvas.
- ☐ Pergunte a Deus se Ele deseja que você saia em uma viagem missionária nas próximas férias.

## Conclusão da Parte Um

Parabéns por permitir que o Espírito Santo transforme você inteiramente, de dentro para fora! Você não é mais um cristão cerebral, mental. Você foi convertido!

Até este ponto, eu lhe dei o cristianismo *status quo*. Assim deve ser o cristianismo normal. É o princípio de olhar nos olhos de Jesus. É uma conexão coração a coração, que faz com que você seja verdadeiro com Ele todos os dias.

Você sabe que está conectado Jesus. Você tem algo real com Ele. Não é apenas algo mental, no seu cérebro, mas é um relacionamento e um elo com o Deus vivo, que domina o seu coração e modifica a sua vida.

Você examinou diariamente várias áreas da sua vida. Agora há algo fresco, novo e vivo dentro de você. Continue a examinar o seu coração, para ter certeza de que não existe um tradicionalismo, não existe um cristianismo mundano e petrificado criando raízes dentro de você.

Agora que você tem uma maneira concreta de se certificar de que você e Jesus têm alguma coisa real acontecendo todos os dias, é o momento de ir fundo. É o momento de se arriscar — de sair da sua zona de conforto. É o momento de entregar o controle total a Deus. É o momento de agarrar cada pedaço do gozo que Deus sempre desejou que você tivesse!

# PARTE DOIS

# Vá Fundo

Até agora, estivemos falando sobre conservar o seu relacionamento real com Jesus.

Agora é o momento de saltar do penhasco. É o momento de deixar a sua "zona de segurança" ou a zona que parece um cristianismo bom e aceitável.

Na segunda parte deste livro, vamos falar sobre conservar o **entusiasmo** na sua vida cristã.

O que é isso?

O que é o entusiasmo sobre a realidade de Jesus?

Como você conserva o seu entusiasmo no cristianismo, para não se tornar um cristão entediado, monótono, tradicional?

Sim, a sua vida com Deus está bem. Mas como você conserva o seu entusiasmo no cristianismo, de modo que seja profundo em tudo o que você disser e fizer? Como você se certifica de nunca se misturar? A realidade de Jesus na sua vida exige que você faça a diferença onde quer que esteja. Defina o ritmo para a sua própria geração — conserve-se na vanguarda, espiritualmente, através do seu entusiasmo.

Capítulo 7

# Ter Entusiasmo

*Regozijai-vos sempre. Orai sem cessar. Em tudo dai graças, porque esta é a vontade de Deus em Cristo Jesus para convosco.*
*1 Tessalonicenses 5.16-18*

## Dia 1

## O que É Entusiasmo?

Você já olhou nos olhos de alguém e pensou que esta pessoa acabara de sair da sala do trono de Deus? E você se perguntou: *Por que eu não sou assim?* Essas pessoas têm entusiasmo, são cristãos poderosos, e você não é. Você conhece Jesus, mas você não é poderoso. Você não tem entusiasmo.

Há muitas pessoas que têm um cristianismo superficial, mas não têm entusiasmo. Muitos, no ministério, fazem o que diz a descrição de sua função, ou fazem o que aprenderam em uma conferência, em algum lugar, mas não têm entusiasmo.

Você já foi tão abençoado pela pregação de alguém, que quis saltar da sua cadeira e gritar "AMÉM! SIM!"? Você já se sentiu desta maneira antes? Isso aconteceu porque a pessoa que estava pregando tinha entusiasmo.

*O que é entusiasmo?*

O que É Entusiasmo?

*Entusiasmo é a presença do Deus vivo, operando por seu intermédio, para transformar vidas.*

Quando você entra na sua sala de aula ou no prédio da sua escola, o que os seus amigos e conhecidos pensam sobre você? Eles sabem que há algo diferente em você? Quando você tem entusiasmo, pode até sofrer perseguição, mas quando um amigo se encontra em dificuldades, você será a primeira pessoa que ele procurará. Os seus amigos sabem que você tem uma resposta para os problemas deles. Eles sabem que você lhes indicará a direção correta. Eles sabem que você tem o que é necessário para transformar a vida deles.

Quando você tem entusiasmo, as suas orações são poderosas! Quando alguém precisa de oração, vem correndo para você. Quando você ora para que vidas sejam transformadas — elas o são! Quando você ora para que as pessoas sejam curadas — elas o são! É por sua causa? Não! É porque o Deus vivo habita ABUNDANTEMENTE como o Deus GRANDIOSO dentro de você e isso lhe dá o entusiasmo.

*Alguém que tem entusiasmo vai além do que é aceitável, para o que é poderoso.*

O que era bom antes, não é mais suficientemente bom, se você deseja entusiasmo. Você não aceita nada que não seja o melhor, porque sabe que Deus tem apenas o melhor para você.

Quando você tem entusiasmo, não passa cinco minutos em oração a cada semana, sentindo-se bem consigo mesmo, porque você cumpriu algum "dever". Não! Você passa quanto tempo seja necessário para saber que você esteve na presença do Deus Todo-Poderoso, e que recebeu as respostas às suas orações.

Quando você tem entusiasmo, o seu tempo de oração e adoração, em casa e na igreja, é ungido, porque todo o seu ser está completamente concentrado em Deus. A sua atitude, durante todo o dia, é uma atitude de adoração, porque você tem um coração de gratidão por tudo o que Ele fez por você.

Você tem o desejo de ver vidas transformadas radicalmente?

Você está satisfeito com o seu relacionamento com Jesus?

Você está disposto a fazer o que for necessário para obter entusiasmo e conservá-lo?

## LISTA DE TAREFAS:

- ☐ Hoje, leia Lucas 10.
- ☐ Há algum pecado do qual você necessite se arrepender hoje?
- ☐ Você está agradecido porque Deus lhe perdoou?
- ☐ Você foi dissuadido de alguma parte do seu cristianismo?
- ☐ Você dará tudo de si a Jesus, hoje?
- ☐ Passe algum tempo louvando e adorando a Deus.
- ☐ Hoje, ore por sua própria vida e pelo seu dia.
- ☐ Ore por sua família, pelos seus amigos e pelas autoridades.
- ☐ Ore pelas pessoas do mundo que ainda não são salvas.
- ☐ Pergunte a Deus se Ele deseja que você saia em uma viagem missionária nas próximas férias.
- ☐ Você tem o entusiasmo necessário para enfrentar os desafios do seu dia?

# Ter Entusiasmo

## Dia 2

### Como Você Obtém Entusiasmo?

Deus deseja que você tenha entusiasmo, mas se o desejar, você terá de ir fundo nas coisas de Deus. Ele quer que você tenha poder sobrenatural e autoridade a fim de usá-los para a sua glória. Mas há algumas coisas que você terá de fazer.

Em primeiro lugar, você precisa examinar o seu coração. Deus o condenou de alguma coisa sobre a qual você não está fazendo nada? Você faz coisas que são contrárias às suas convicções? Suponha que os seus amigos querem que você veja um filme que você sabe que contém muita linguagem obscena e sexo. Como um crente, você toma cuidado com o que põe na sua mente, mas os seus amigos realmente o estão pressionando a ir com eles. Você vai dar ouvidos ao Espírito Santo ou vai acompanhar a multidão a fim de ser aceito?

Em segundo lugar, você precisa conservar um coração voltado ao arrependimento. Livre-se dos pecados secretos. Viva as suas convicções. Elimine as coisas que não são adequadas. Você foi feito justiça de Cristo.

**Mas vós sois dele, em Jesus Cristo, o qual para nós foi feito por Deus sabedoria, e justiça, e santificação, e redenção.**

**1 Coríntios 1.30**

**Despertai para a justiça, e não pequeis.**

**1 Coríntios 15.34 (TB)**

Em terceiro lugar, faça mais do que se espera de você no Senhor. Você pode dizer: "Bem, eu oro e leio a Bíblia todos os dias". Ótimo. Mas se você quer ter entusiasmo, você precisa fazer mais do que todos os outros estão fazendo, e mais do que se espera de você.

Você se lembra da parábola do príncipe *jovem* e rico, de Lucas 18.18-25? Ele perguntou a Jesus: "Que hei de fazer para herdar a vida eterna?"

Jesus respondeu: "Deves guardar os mandamentos".

"Mas eu tenho feito isso desde a minha mocidade, e ainda não tenho nenhuma vida".

E Jesus disse: "Porque deves fazer mais do que se espera, vende tudo quanto tens, reparte-o pelos pobres".

O jovem príncipe ficou muito triste, porque era muito rico. A verdade é que ele não estava disposto a vender tudo o que tinha para obter o tesouro.

Mostre a Jesus que o desejo do seu coração é seguir a Deus! Faça algo além das regras. Procure obter mais de Deus. Incite a sua paixão para estar mais próximo de Deus do que você já esteve em sua vida.

Eu ouço as pessoas dizendo: "Quando fui salvo, eu costumava estar muito próximo de Deus". Você já disse isso antes? "Nós costumávamos ser muito fervorosos quando éramos mais jovens". Éramos? O que isso lhe diz agora?

Se você realmente deseja ser como todos os demais, faça o que todos estão fazendo. Mas se deseja ser como Jesus, dê um passo a mais. Consiga o entusiasmo fazendo coisas que ninguém mais está fazendo.

Por exemplo, digamos que o novo período letivo tenha começado, e você está entusiasmado por ver os amigos que não viu durante as férias.

Quando você se senta para almoçar com o seu grupo de amigos, você percebe um aluno novo, andando por ali, procurando um lugar onde se sentar — um lugar onde ele se encaixe e se sinta bem-vindo. Você sabe que deveria convidar este novo aluno para se sentar com você e os seus amigos. Por quê? Porque você sabe que Jesus faria dessa forma. Mas você não o faz. Você poderia apresentar inúmeras razões, mas nenhuma delas é uma boa razão. Se você examinar atentamente o seu coração, provavelmente descobrirá que a razão principal é o egoísmo — o que não é uma característica de alguém que esteja entusiasmado.

*Aqueles que estão entusiasmados examinam os seus corações para se livrarem de seus egos, de modo que possam estar cheios da preciosa presença de Jesus.*

Se você quer tudo de Deus que é possível ter em um corpo humano, diga, "Deus, eu quero! Seja o que for, invada a minha mente. Eu quero o inesperado. Eu quero o que nunca vi antes. Eu quero aquilo de que só ouvi falar nas Escrituras!" Então, prepare-se para ver Deus se mover e operar na sua vida, como nunca aconteceu antes!

**LISTA DE TAREFAS:**

- ☐ Hoje, leia Lucas 11.
- ☐ Há algum pecado do qual você necessite se arrepender hoje?
- ☐ Você está agradecido porque Deus lhe perdoou?
- ☐ Você foi dissuadido de alguma parte do seu cristianismo?
- ☐ Você dará tudo de si a Jesus, hoje?
- ☐ Passe algum tempo louvando e adorando a Deus.
- ☐ Hoje, ore por sua própria vida e pelo seu dia.
- ☐ Ore por sua família, pelos seus amigos e pelas autoridades.
- ☐ Ore pelas pessoas do mundo que ainda não são salvas.
- ☐ Pergunte a Deus se Ele deseja que você saia em uma viagem missionária nas próximas férias.
- ☐ Você tem o entusiasmo necessário para enfrentar os desafios do seu dia?

# Ter Entusiasmo

## Dia 3

### Vendo Deus Face a Face

**Jacó, porém, ficou só; e lutou com ele um varão, até que a alva subia.**

**E, vendo que não prevalecia contra ele, tocou a juntura de sua coxa; e se deslocou a juntura da coxa de Jacó, lutando com ele.**

**E disse: Deixa-me ir, porque já a alva subiu.**

**Porém ele disse: Não te deixarei ir, se me não abençoares.**

**E chamou Jacó o nome daquele lugar Peniel, porque dizia: Tenho visto a Deus face a face, e a minha alma foi salva.**

**Gênesis 32.24-26,30**

Jacó tinha uma determinação de encontrar Deus e de obter a bênção divina. "DEUS, NÃO OUSES ME DEIXAR AQUI SEM UMA BÊNÇÃO!"

Ter entusiasmo significa que você tem encontros face a face com Deus, e você nunca se esquece deles. É um encontro diário com Jesus Cristo.

Quando você tem entusiasmo, isso lhe dá determinação. Você é tão determinado quanto Jacó quando ora? Você deveria passar o seu momento devocional de todos os dias com o mesmo tipo de determinação que Jacó tinha, declarando: "Eu me recuso a ficar sentado aqui e seguir a maré! Eu preciso me conectar contigo hoje, Deus!"

Jacó tinha entusiasmo. Com determinação, ele disse ao Senhor: "Não irás a parte alguma. Eu quero algo de Ti!" Você tem essa determinação? Você consegue se imaginar dizendo ao Senhor: "Pensas que poderás sair daqui sem me abençoar? Não irás a parte alguma".

O que você quer do Senhor?

________________________________________

________________________________________

________________________________________

________________________________________

Você tem o mesmo zelo, energia, entusiasmo e confiança que tinha no dia em que você foi salvo?

Se você não tem entusiasmo, eu quero que você faça comigo esta oração. Decida agora mesmo ser determinado como Jacó era. Abra caminho para junto de Deus esta manhã.

*Senhor Jesus, transforma-me, eu quero ter entusiasmo. Eu quero sentir-te face a face. Estou cansado de seguir a maré do meu momento de oração, sem que me abençoes, me preenchas e toques a minha vida. Eu quero a tua presença e o teu poder operando em mim. Eu quero deixar no passado o que antes julgava ser bom e aceitável, e ter o melhor que Tu tens a me oferecer. Eu quero ver as vidas de outras pessoas transformadas para a tua glória. Eu quero ter o teu poder de salvação, de cura, de libertação, operando na minha vida. Eu te agradeço pela tua unção. Eu te agradeço por me usares para afetar os outros. Em nome de Jesus eu oro, amém.*

## LISTA DE TAREFAS:

- ☐ Hoje, leia Lucas 12.
- ☐ Há algum pecado do qual você necessite se arrepender hoje?
- ☐ Você está agradecido porque Deus lhe perdoou?
- ☐ Você foi dissuadido de alguma parte do seu cristianismo?
- ☐ Você dará tudo de si a Jesus, hoje?
- ☐ Passe algum tempo louvando e adorando a Deus.
- ☐ Hoje, ore por sua própria vida e pelo seu dia.
- ☐ Ore por sua família, pelos seus amigos e pelas autoridades.
- ☐ Ore pelas pessoas do mundo que ainda não são salvas.
- ☐ Pergunte a Deus se Ele deseja que você saia em uma viagem missionária nas próximas férias.
- ☐ Você tem o entusiasmo necessário para enfrentar os desafios do seu dia?

# Ter Entusiasmo

## Dia 4

## Poder para Fazer o que É Certo

**E, depois, foram Moisés e Arão e disseram a Faraó: Assim diz o Senhor, Deus de Israel: Deixa ir o meu povo.**

**Êxodo 5.1**

Moisés tinha entusiasmo. Você não diz isso, ousadamente, a Faraó, a menos que tenha entusiasmo. Moisés teve a audácia de fazer tal exigência, porque sabia que havia um Deus que o apoiaria. Moisés sabia que estava pronunciando as palavras do Senhor.

Quando você tem entusiasmo, pode fazer uma exigência. O entusiasmo lhe dá coragem! Isto não quer dizer que você começa a dar ordens a todos os que estão à sua volta, mas você tem a confiança e o poder de exigir que o Diabo se afaste. As suas orações não são um punhado de palavras sem sentido, que dizem, timidamente: "Agora, Diabo, você realmente deve me deixar em paz". O que acontece com estas palavras? Você acha que elas assustam e afugentam o Inimigo? Quando você tem entusiasmo, você diz com firmeza: "DIABO, EU TE ORDENO, EM NOME DE JESUS, VAI-TE DAQUI!"

**Responderam Sadraque, Mesaque e Abede-Nego e disseram ao rei Nabucodonosor: Não necessitamos de te responder sobre este negócio.**

**Eis que o nosso Deus, a quem nós servimos, é que nos pode livrar; ele nos livrará do forno de fogo ardente e da tua mão, ó rei.**

**E, se não, fica sabendo, ó rei, que não serviremos a teus deuses nem adoraremos a estátua de ouro que levantaste.**

**Daniel 3.16-18**

Sadraque, Mesaque e Abede-Nego tinham entusiasmo. Quando você fala a um rei como Nabucodonosor, você precisa ter entusiasmo. Não importava qual decreto havia sido promulgado, eles iriam fazer o que era correto — adorar o seu Deus, o único Deus verdadeiro. Sabendo perfeitamente bem o que poderia acontecer se desobedecessem à ordem, eles não se importaram. Eles devem ter sentido o poder de Deus antes disso, para poder dizer ao rei que o seu Deus os livraria da fornalha de fogo ardente. Mas mesmo se eles não fossem salvos, ainda assim não adorariam os falsos deuses do rei.

Eles tinham entusiasmo. Isto soa bem, quando você ouve, porque é correto. Quando você tem entusiasmo, pode arriscar a sua vida, porque tem dentro de você aquEle que dá a vida. Quando você tem entusiasmo, sabe que é Deus — sabe que é a verdade. É a última palavra da realidade. O entusiasmo lhe dá coragem!

Coloque-se em uma situação similar à desses quatro homens. Você pode não precisar comparecer diante de Faraós e reis, mas você pode ter de defender o seu Deus diante de outras pessoas na sua vida, como os seus amigos, professores ou técnicos de esportes.

Você é como Moisés, Sadraque, Mesaque e Abede-Nego?

Você está disposto a arriscar a sua vida para fazer o que é correto aos olhos de Deus?

Os seus amigos já pediram que você fizesse alguma coisa com eles que você sabia que não era correta? Caso afirmativo, qual foi a sua reação?

____________________________________________________

______________________________________

______________________________________

Alguma vez um professor já lhe deu uma tarefa que contradisse a fé cristã? Caso afirmativo, o que você fez?

______________________________________

______________________________________

______________________________________

Algum técnico já o pressionou a jogar sujo? Caso afirmativo, o que você fez?

______________________________________

______________________________________

______________________________________

Se você tem entusiasmo, você tem o poder para se levantar e dizer: "Eu farei o que é certo — não importa o que as outras pessoas pensem, e não importa o que isso me custe".

Lembre-se: O Espírito de Deus vive EM VOCÊ! Você tem o poder de fazer o que é certo!

## LISTA DE TAREFAS:

- ☐ Hoje, leia Lucas 13.
- ☐ Há algum pecado do qual você necessite se arrepender hoje?
- ☐ Você está agradecido porque Deus lhe perdoou?
- ☐ Você foi dissuadido de alguma parte do seu cristianismo?
- ☐ Você dará tudo de si a Jesus, hoje?
- ☐ Passe algum tempo louvando e adorando a Deus.
- ☐ Hoje, ore por sua própria vida e pelo seu dia.
- ☐ Ore por sua família, pelos seus amigos e pelas autoridades.
- ☐ Ore pelas pessoas do mundo que ainda não são salvas.
- ☐ Pergunte a Deus se Ele deseja que você saia em uma viagem missionária nas próximas férias.
- ☐ Você tem o entusiasmo necessário para enfrentar os desafios do seu dia?

# Ter Entusiasmo

## Dia 5

### Ter o Fogo

**Então, disse eu: Não me lembrarei dele e não falarei mais no seu nome; mas isso foi no meu coração como fogo ardente, encerrado nos meus ossos; e estou fatigado de sofrer e não posso.**

**Jeremias 20.9**

Jeremias tinha entusiasmo. A Palavra de Deus era como fogo em seus ossos. Ele não conseguia manter a sua boca fechada. Ele tinha que falar às pessoas sobre Deus!

Quando você tem entusiasmo, você tem *fogo*. Você tem uma mensagem que está queimando no seu coração, e você diz: "Eu não consigo guardar isso comigo. É como se houvesse um fogo ardendo dentro de mim".

**Porque, se anuncio o evangelho, não tenho de que me gloriar, pois me é imposta essa obrigação; e ai de mim se não anunciar o evangelho!**

**1 Coríntios 9.16**

Ter o Fogo

A atitude de Paulo era: *eu preciso pregar! Se eu não pregar, não conseguirei viver comigo mesmo. Isto é real! Isto está vivo! A mensagem do evangelho é tão real, que se eu não a pregar, serei muito infeliz!* Paulo tinha um fogo que ardia em seus ossos. Era uma convicção profunda, dominadora. Não pregar o evangelho era uma agonia para Paulo. Quando você tem entusiasmo, você tem uma tremenda convicção em seu coração e na sua mente, de que deve fazer tudo o que puder para ver as pessoas salvas.

Muitas pessoas têm bons ensinamentos, mas nenhum fogo real — e isso me incomoda. Um dos piores insultos é quando alguém me procura, depois de um culto, e diz: "Este foi um sermão realmente maravilhoso". Eu não quero que ninguém me diga que eu fiz um sermão *maravilhoso*. Eu quero que os meus sermões sejam cheios de fogo. Eu quero ver as vidas das pessoas transformadas pelo poder do Deus Todo-Poderoso. Eu quero que elas fiquem tão assombradas que se esqueçam de que estavam na terra. Eu as quero tão arrebatadas para onde elas não conseguem sequer falar, porque acabaram de ter um encontro com Deus. Se elas forem coerentes o suficiente para saber que foi um ensinamento maravilhoso, então eu não tinha entusiasmo.

Você tem este tipo de convicção sempre que pode transmitir o evangelho?

Há um fogo que arde em seus ossos, para que você transmita Jesus a seus amigos?

Se você não pode dizer que sim, o meu desafio a você é comprometer-se, no seu coração, em ter este tipo de convicção. "SE EU NÃO FALAR, MORREREI! EU PRECISO FALAR. É TÃO REAL. É TÃO CORRETO! Ai de mim, se não o fizer!"

Se você não tem este tipo de convicção esta manhã, clame a Deus. Procure entusiasmo! Encare o seu dia com o mesmo zelo que Paulo tinha todos os dias: "Se eu não defender Jesus hoje, se eu não viver aquilo em que creio, isso me destruirá por dentro! Eu preciso transmitir a verdade!"

## LISTA DE TAREFAS:

- ☐ Hoje, leia Lucas 14.
- ☐ Há algum pecado do qual você necessite se arrepender hoje?
- ☐ Você está agradecido porque Deus lhe perdoou?
- ☐ Você foi dissuadido de alguma parte do seu cristianismo?
- ☐ Você dará tudo de si a Jesus, hoje?
- ☐ Passe algum tempo louvando e adorando a Deus.
- ☐ Hoje, ore por sua própria vida e pelo seu dia.
- ☐ Ore por sua família, pelos seus amigos e pelas autoridades.
- ☐ Ore pelas pessoas do mundo que ainda não são salvas.
- ☐ Pergunte a Deus se Ele deseja que você saia em uma viagem missionária nas próximas férias.
- ☐ Você tem o entusiasmo necessário para enfrentar os desafios do seu dia?

# Ter Entusiasmo

## Dia 6

## Confiança para Falar a Verdade

**Então, disse Elias ao povo: Só eu fiquei por profeta do Senhor, e os profetas de Baal são quatrocentos e cinquenta homens.**

**Deem-se-nos, pois, dois bezerros, e eles escolham para si um dos bezerros, e o dividam em pedaços, e o ponham sobre a lenha, porém não lhe metam fogo, e eu prepararei o outro bezerro, e o porei sobre a lenha, e não lhe meterei fogo.**

**Então, invocai o nome do vosso deus, e eu invocarei o nome do Senhor; e há de ser que o deus que responder por fogo esse será Deus.**

**1 Reis 18.22-24**

Eram Elias e Deus contra Baal e os seus 500 profetas. Elias e Deus eram a maioria, e Elias sabia disso. Ele não desistiu. Ele não sucumbiu à pressão dos outros. Elias tinha entusiasmo. Não somente Deus respondeu com o fogo, mas o fogo de Deus estava em Elias. Quando você tem entusiasmo, você tem a confiança de Elias.

João Batista tinha entusiasmo.

**E, vendo ele muitos dos fariseus e dos saduceus que vinham ao seu batismo, dizia-lhes: Raça de víboras, quem vos ensinou a fugir da ira futura?**

**Produzi, pois, frutos dignos de arrependimento e não presumais de vós mesmos, dizendo: Temos por pai a Abraão; porque eu vos digo que mesmo destas pedras Deus pode suscitar filhos a Abraão.**

**E também, agora, está posto o machado à raiz das árvores; toda árvore, pois, que não produz bom fruto é cortada e lançada no fogo.**

**E eu, em verdade, vos batizo com água, para o arrependimento; mas aquele que vem após mim é mais poderoso do que eu; não sou digno de levar as suas sandálias; ele vos batizará com o Espírito Santo e com fogo.**

**Em sua mão tem a pá, e limpará a sua eira, e recolherá no celeiro o seu trigo, e queimará a palha com fogo que nunca se apagará.**

Mateus 3.7-12

João Batista olhou para os governantes — os religiosos do seu tempo — e disse: "Vocês são uma raça de víboras! Eu os aconselho a endireitar as suas vidas. Transformem as suas vidas e mostrem alguns frutos de arrependimento!" Quando você tem entusiasmo, você tem a confiança de proclamar o que é correto. Você fala a Palavra de Deus e ela ressoa.

Nós ouvimos, desde os nossos primeiros dias de Escola Dominical, que Davi matou Golias com apenas algumas poucas pedras e um uma funda. Mas Davi tinha entusiasmo.

**Davi, porém, disse ao filisteu: Tu vens a mim com espada, e com lança, e com escudo; porém eu vou a ti em nome do Senhor dos Exércitos, o Deus dos exércitos de Israel, a quem tens afrontado.**

**Hoje mesmo o Senhor te entregará na minha mão; e ferir-te-ei, e te tirarei a cabeça, e os corpos do arraial dos filisteus darei hoje mesmo às aves do céu e às bestas da terra; e toda a terra saberá que há Deus em Israel.**

**E saberá toda esta congregação que o Senhor salva, não com espada, nem com lança; porque do Senhor é a guerra, e ele vos entregará na nossa mão.**

**1 Samuel 17.45-47**

Você consegue imaginar a confiança que Davi teve, para falar com Golias dessa maneira? Você não diz a um gigante que vai cortar a sua cabeça e dar o seu cadáver para alimentar as aves se não tiver entusiasmo.

Elias, João Batista e Davi viram Deus entrar em cena de maneiras poderosas. Mas esses não foram eventos únicos. Estude homens e mulheres diferentes no Antigo Testamento como a rainha Ester, Oseias e Jonas, e veja como eles tinham entusiasmo. Veja como Deus os fortaleceu para a tarefa que eles tinham de realizar. A sua confiança estava no Senhor Deus Todo-Poderoso, e nada os poderia enfraquecer.

Você está em uma situação em que precisa ter confiança no Senhor?

Peça ao Senhor uma coragem sobrenatural para proclamar a verdade e fazer o que é certo. A seguir, escreva o que aconteceu.

______________________________________

______________________________________

______________________________________

______________________________________

______________________________________

______________________________________

## LISTA DE TAREFAS:

- ☐ Hoje, leia Lucas 15 e 16.
- ☐ Há algum pecado do qual você necessite se arrepender hoje?
- ☐ Você está agradecido porque Deus lhe perdoou?
- ☐ Você foi dissuadido de alguma parte do seu cristianismo?
- ☐ Você dará tudo de si a Jesus, hoje?
- ☐ Passe algum tempo louvando e adorando a Deus.
- ☐ Hoje, ore por sua própria vida e pelo seu dia.
- ☐ Ore por sua família, pelos seus amigos e pelas autoridades.
- ☐ Ore pelas pessoas do mundo que ainda não são salvas.
- ☐ Pergunte a Deus se Ele deseja que você saia em uma viagem missionária nas próximas férias.
- ☐ Você tem o entusiasmo necessário para enfrentar os desafios do seu dia?

# Ter Entusiasmo

## Dia 7

## Como Você Sabe que Tem Entusiasmo?

**Saiba, pois, com certeza, toda a casa de Israel que a esse Jesus, a quem vós crucificastes, Deus o fez Senhor e Cristo.**

**Ouvindo eles isto, compungiram-se em seu coração e perguntaram a Pedro e aos demais apóstolos: Que faremos, varões irmãos?**

**Atos 2.36,37**

Pedro tinha entusiasmo. Foi uma multidão de três mil pessoas que se compungiram em seus corações por este sermão. Elas queriam desesperadamente saber como poderiam ser salvas. Elas queriam conhecer Jesus de uma maneira real.

Quando você tem entusiasmo, os corações das pessoas são atingidos pelas suas palavras e pela sua vida. Elas não são mais as mesmas. O testemunho que você dá se apodera de suas vidas. Elas precisam reagir. Você sabe que tem entusiasmo quando o seu testemunho compunge os corações das pessoas.

Como Você Sabe que Tem Entusiasmo?

Pense sobre o conceito de estar "entusiasmado". Se houver um grupo de pessoas e você não estiver entusiasmado, você estará apenas no meio delas. Quando você está no meio, ninguém o percebe, porque você não é muito diferente dos demais. Mas quando você está na vanguarda, ou à frente, através do seu entusiasmo, isso o separa das massas.

Isso é estar na vanguarda. É ter entusiasmo.

O que é entusiasmo? Você sabe que tem entusiasmo quando conhece a Deus. Eu quero dizer, Deus está em todas as suas palavras e em toda a sua vida. Ele está em você. Você sabe que tem entusiasmo, que está na vanguarda, quando tem a palavra correta no momento correto, e pensa: "Hummm, é tão bom pregar isso! Eles entendem!" Você vê como eles reagem.

Para ser um líder para a sua geração, você precisa ter algo estimulante dentro de si, que seja tão poderoso que você não consiga manter a sua boca fechada. Há muitas pessoas que têm uma posição, mas não têm nada estimulante dentro delas. Elas assumiram essa posição porque queriam reconhecimento, mas não têm nada de Deus ardendo em seu interior para dar aos outros. Não há maná fresco.

Você tem uma posição de liderança?

Mesmo que você não esteja em uma posição oficial de liderança, Deus quer que você lidere a sua geração.

Você lidera quando influencia outras pessoas. Faça uma lista de algumas pessoas que você poderia influenciar hoje, e como o entusiasmo irá ajudá-lo.

__________________________________

__________________________________

Como você pode manter o entusiasmo?

__________________________________

## LISTA DE TAREFAS:

- ☐ Hoje, leia Lucas 17 e 18.
- ☐ Há algum pecado do qual você necessite se arrepender hoje?
- ☐ Você está agradecido porque Deus lhe perdoou?
- ☐ Você foi dissuadido de alguma parte do seu cristianismo?
- ☐ Você dará tudo de si a Jesus, hoje?
- ☐ Passe algum tempo louvando e adorando a Deus.
- ☐ Hoje, ore por sua própria vida e pelo seu dia.
- ☐ Ore por sua família, pelos seus amigos e pelas autoridades.
- ☐ Ore pelas pessoas do mundo que ainda não são salvas.
- ☐ Pergunte a Deus se Ele deseja que você saia em uma viagem missionária nas próximas férias.
- ☐ Você tem o entusiasmo necessário para enfrentar os desafios do seu dia?

# Capítulo 8
# Você Perdeu o Entusiasmo?

**Porque Demas me desamparou, amando o presente século.**
**2 Timóteo 4.10**

## Dia 1

## A Palavra "Radical" Descreve Você?

Obviamente, todos nós temos diferentes personalidades. Mas quando você é apaixonado com respeito a alguma coisa — você fica radical. Você vai a extremos.

Com respeito a que você é radical? Você é radical em relação ao seu time de futebol ou basquete na escola? Eu estive no colegial e observei até mesmo as pessoas mais tímidas levantando, gritando, urrando, e praticamente agindo como loucas — tudo no espírito de um jogo.

Mas estes mesmos "extrovertidos" fanáticos por futebol parecem que estão em um funeral quando estão na igreja. Eles se sentam em seus bancos, com um rosto ansioso, se não entediado, e murmuram as palavras durante o louvor e a adoração. Eu tenho vontade de ir até eles, sacudi-los e dizer: "Onde estão a paixão e o fervor que vi em vocês, no jogo de sexta-feira à noite?"

Muitas pessoas criadas na igreja foram condicionadas a ser muito sóbrias, solenes e quietas na igreja. Por quê? Nós temos medo de acordar a Deus? Talvez algum ruído nas igrejas pudesse afugentar o Diabo! Nós estaremos nos alegrando, cantando e saltando de alegria na sala do trono de Deus por toda a eternidade. Não há timidez no céu. Nós bem poderíamos começar a nos preparar agora mesmo.

A esperança é que todos nós estivemos em cultos nas igrejas onde as pessoas gritam "Amém", o pregador está inflamado, o coro canta, e todos estão entusiasmados. Você pensa: "Se é assim que é o céu, vai ser divertido!"

Obviamente, há alguns sermões que não são sermões de gritos — eles podem ser sermões de condenação. Mas mesmo quando são sermões de condenação, ainda há algo que você sabe que é certo. Quando estas palavras penetrarem nas profundezas de seu coração, você ainda pensará: "Eu gostaria que mais pessoas pregassem assim". Então você já esteve em cultos que eram bons, mas este foi apenas outro sermão. Eram bons ensinamentos, mas faltava o fogo. Não havia ressonância.

Você se considera um cristão radical? Se você não é radical por Jesus, o que há que valha a pena ser radical?

___

Quando o seu nome surge em alguma conversa, o que é dito sobre você?

___

Você conta aos outros sobre Jesus, em todas as oportunidades que tem?

___

Liste algumas maneiras em que você pode se tornar mais radical por Jesus.

___

## LISTA DE TAREFAS:

- ☐ Hoje, leia Lucas 19.
- ☐ Há algum pecado do qual você necessite se arrepender hoje?
- ☐ Você está agradecido porque Deus lhe perdoou?
- ☐ Você foi dissuadido de alguma parte do seu cristianismo?
- ☐ Você dará tudo de si a Jesus, hoje?
- ☐ Passe algum tempo louvando e adorando a Deus.
- ☐ Hoje, ore por sua própria vida e pelo seu dia.
- ☐ Ore por sua família, pelos seus amigos e pelas autoridades.
- ☐ Ore pelas pessoas do mundo que ainda não são salvas.
- ☐ Pergunte a Deus se Ele deseja que você saia em uma viagem missionária nas próximas férias.
- ☐ Você tem o entusiasmo necessário para enfrentar os desafios do seu dia?

# Você Perdeu o Entusiasmo?

## Dia 2

### Você Sabe que Perdeu Entusiasmo quando...

... você não conta aos seus amigos não salvos sobre Jesus, por medo de não ser bacana.

... você pensa que pode passar todo o dia sem um momento a sós com Deus.

... você diz que ama Jesus, mas não tem paixão para servi-lo.

... você deseja servir, mas não se aprofunda nas coisas de Deus.

... você emite um desafio, mas não há convicção, de modo que você nunca prossegue.

... você vive de acordo com as suas emoções e pensamentos, e não de acordo com a Palavra de Deus.

... as suas emoções são governadas pelas circunstâncias, e não pelas promessas de Deus.

... você não está continuamente ciente da liderança e da voz do Espírito Santo.

Você Sabe que Perdeu Entusiasmo quando...

... você vai à igreja, mas o Espírito Santo nunca toca nem o transforma.

... você parece bom externamente, mas o seu coração está longe de Deus.

Você pode pronunciar uma oração, "Oh, Deus, por favor, abençoa o meu dia, e ajuda-me na minha prova de álgebra" — enquanto vai para a aula de matemática. Mas você não tem um momento especial para passar em oração, simplesmente buscando a Deus e ouvindo o que Ele diz, obtendo as respostas e a orientação de que você precisa para passar o dia.

Se você não percebe a presença de Deus em cada segundo do dia, você não se preocupa. Você está se arranjando bem sozinho. Então, se Deus aparece, você fica surpreso. Você agradece a Ele com um aceno de cabeça, e segue o seu caminho novamente — o seu caminho, não o caminho dEle. Mas, na verdade, a esta altura você não sabe que é o seu caminho, e não o caminho dEle. A esta altura você já comprou a mentira de que está bem, vivendo da maneira como está vivendo.

Então, certo dia, depois da escola, você vê uma adolescente sozinha, junto ao seu armário, chorando. Você pergunta a ela qual é o problema, e ela lhe conta que está grávida e que não sabe o que fazer. Ela imagina que fará um aborto, como todo mundo, diz que não é grande coisa, isso acontece com muitas jovens e ela se sente um pouco estúpida por estar tão preocupada.

Em lugar de contar a ela sobre Jesus, o seu perdão, e o seu poder transformador de vidas, e como Ele a ama e já ama o bebê que ela está carregando, você murmura algo como "Puxa vida, isso realmente é terrível, bem, eu vou orar por você. Boa sorte!" Então você corre pela porta e mal pode esperar para telefonar para o seu melhor amigo e lhe contar a fofoca — a menos que o amigo seja um cristão, e neste caso você lhe dirá que ele precisa orar por ela, porque...

Estas não são as únicas maneiras de saber que você perdeu o entusiasmo. Você pode descobrir algumas, sozinho. Você pode listá-las?

________________________________________

________________________________________

Você Sabe que Perdeu Entusiasmo quando...

________________________________________

________________________________________

Você teria de dizer que algumas destas coisas descrevem-no? Caso afirmativo, que passos você precisa dar para fazer com que o entusiasmo volte à sua vida?

______________________________

______________________________

______________________________

______________________________

______________________________

______________________________

______________________________

______________________________

______________________________

## LISTA DE TAREFAS:

- ☐ Hoje, leia Lucas 20.
- ☐ Há algum pecado do qual você necessite se arrepender hoje?
- ☐ Você está agradecido porque Deus lhe perdoou?
- ☐ Você foi dissuadido de alguma parte do seu cristianismo?
- ☐ Você dará tudo de si a Jesus, hoje?
- ☐ Passe algum tempo louvando e adorando a Deus.
- ☐ Hoje, ore por sua própria vida e pelo seu dia.
- ☐ Ore por sua família, pelos seus amigos e pelas autoridades.
- ☐ Ore pelas pessoas do mundo que ainda não são salvas.
- ☐ Pergunte a Deus se Ele deseja que você saia em uma viagem missionária nas próximas férias.
- ☐ Você tem o entusiasmo necessário para enfrentar os desafios do seu dia?

# Você Perdeu o Entusiasmo?

## Dia 3

## As Consequências da Perda do Entusiasmo

Há um certo limite, no qual você não pode pecar contra Deus, pedir perdão e tudo ficará bem novamente. Sim, Ele irá perdoá-lo. Mas virá um momento em que nós nos enganaremos com relação ao que Deus realmente tem para nós.

Examine Moisés outra vez. Este sujeito se encontrou com Deus no monte. Ele teve uma conversa direta e pessoal com o Deus Todo-Poderoso. Mas certo dia, Moisés se enfureceu com o povo, por causa da sua rebelião, e golpeou uma rocha (veja Nm 20.1-13). Nós pensamos: *Por que isso foi tão horrível? Tudo o que ele fez foi se enfurecer e golpear uma rocha.* Mas como Moisés não confiou em Deus e não o honrou como santo, diante do povo, ele não conseguiu vivenciar tudo o que Deus tinha planejado originalmente para ele. Ele não pôde entrar na Terra Prometida.

O povo que ele estava conduzindo também não foi bem-sucedido. Deus os livrou da escravidão no Egito, e os salvou do exército de Faraó, dividindo o mar Vermelho, deu a eles comida e água no deserto, e cuidou para que eles estivessem sempre aquecidos à noite e tivessem abrigo do sol durante o dia. Ainda assim, quando eles chegaram à Terra Prometida, não tiveram fé de que Ele lhes daria a vitória sobre os seus inimigos, para que pudessem tomar posse da terra. A Bíblia os usa como um exemplo a NÃO ser seguido:

**Temamos, pois, que, porventura, deixada a promessa de entrar no seu repouso, pareça que algum de vós fique para trás. Porque também a nós foram pregadas as boas-novas, como a eles, mas a palavra da pregação nada lhes aproveitou, porquanto não estava misturada com a fé naqueles que a ouviram. Porque nós, os que temos crido, entramos no repouso, tal como disse: Assim, jurei na minha ira que não entrarão no meu repouso.**

**Hebreus 4.1-3**

Toda aquela geração foi impedida de entrar na terra que lhes tinha sido prometida, porque não creram na Palavra de Deus. A verdade é que eles tiveram medo. Então, Moisés perdeu a paciência, e os filhos de Israel se amedrontaram, mas Deus os perdoou, e ainda os amou. Ainda assim, somente dois deles tiveram a bênção especial de entrar na Terra Prometida — Josué e Calebe. Josué e Calebe foram os dois únicos que creram e honraram a Deus.

Deus esperava mais de Moisés e dos filhos de Israel porque eles tinham um relacionamento especial. No caso de Moisés, eles tinham um relacionamento muito pessoal. Quando você tem o entusiasmo (e você só pode ter este entusiasmo quando tem um relacionamento muito íntimo com Deus), você não pode ficar indiferente às coisas que os cristãos comuns ficam indiferentes!

Este é um dos motivos pelos quais eu sempre serei fiel à minha esposa e honesto no meu ministério. Eu adoro ter uma excelente vida familiar, e adoro ter a oportunidade de realmente influenciar uma vida pelo Espírito de Deus, e não quero me arriscar a perder tudo o que Deus reservou para mim, se eu continuar a pecar. Não é que Deus não me perdoaria, porque Ele perdoa o tempo todo. Mas alguma coisa acontece quando você está próximo de Deus e toma a decisão de pecar — quando você não confia completamente em Deus e não o honra como santo. Você perde alguma coisa, como consequência, e é muito difícil, e às vezes impossível, obter o entusiasmo de volta.

**Vós sois o sal da terra; e, se o sal for insípido, com que se há de salgar? Para nada mais presta, senão para se lançar fora e ser pisado pelos homens.**

**Mateus 5.13**

Para que serve o sal, se for insípido? É inútil e nós o jogamos fora. O interessante sobre perder o entusiasmo é que nós pensamos que ninguém percebe, mas todos percebem. Se nós perdemos o entusiasmo, não somos mais o sal da terra. Não podemos mais influenciar a vida das pessoas.

Não perca o entusiasmo! Liste três maneiras pelas quais você pode ser o sal da terra.

1.__________________________________

____________________________________

2.__________________________________

____________________________________

3.__________________________________

____________________________________

Agora examine a sua lista de tarefas, para continuar tendo o seu sabor!

## LISTA DE TAREFAS:

- ☐ Hoje, leia Lucas 21.
- ☐ Há algum pecado do qual você necessite se arrepender hoje?
- ☐ Você está agradecido porque Deus lhe perdoou?
- ☐ Você foi dissuadido de alguma parte do seu cristianismo?
- ☐ Você dará tudo de si a Jesus, hoje?
- ☐ Passe algum tempo louvando e adorando a Deus.
- ☐ Hoje, ore por sua própria vida e pelo seu dia.
- ☐ Ore por sua família, pelos seus amigos e pelas autoridades.
- ☐ Ore pelas pessoas do mundo que ainda não são salvas.
- ☐ Pergunte a Deus se Ele deseja que você saia em uma viagem missionária nas próximas férias.
- ☐ Você tem o entusiasmo necessário para enfrentar os desafios do seu dia?

Sinais de [illegible]

# Você Perdeu o Entusiasmo?

## Dia 4

### Você Consegue Perder o Entusiasmo e Conservar a Unção?

**E havia um homem de Zorá, da tribo de Dã, cujo nome era Manoá; e sua mulher era estéril e não tinha filhos.**
**E o Anjo do Senhor apareceu a esta mulher e disse-lhe: Eis que, agora, és estéril e nunca tens concebido; porém conceberás e terás um filho.**
**Agora, pois, guarda-te de que bebas vinho ou bebida forte, nem comas coisa imunda.**
**Porque eis que tu conceberás e terás um filho sobre cuja cabeça não passará navalha; porquanto o menino será nazireu de Deus desde o ventre e ele começará a livrar a Israel da mão dos filisteus.**

**Juízes 13.2-5**

Sansão estava destinado a ser muito especial, e usado por Deus de uma maneira muito poderosa. Você consegue imaginar um anjo dizendo à sua mãe que você irá nascer para libertar toda uma nação do inimigo? Sansão tinha o entusiasmo antes mesmo de nascer!

Sansão teve uma vida e tanto. Ele se casou com uma filisteia que o traiu. Quando ela foi entregue ao amigo de Sansão, para ser sua esposa, em vingança, Sansão matou os filisteus, e estes, por sua vez, queimaram sua esposa e o pai dela. (Veja Jz 13-15.) Os filisteus odiavam Sansão com muita intensidade.

Juízes 16.1 nos diz que ele começou a ter um relacionamento com uma prostituta chamada Dalila, em Gaza. Nesta época, ele era um líder de Israel. Assim, aqui está Sansão, que estivera comprometido com o Senhor durante toda a sua vida, e que era um líder de Israel, dormindo com uma prostituta!

O povo de Gaza contou aos filisteus que Sansão estava visitando Dalila, mas ele escapou, levantando-se no meio da noite, arrancando as portas da cidade, que pesavam toneladas, e levando-as até o topo de um monte. Isto não poderia ser feito com uma força humana normal e regular. Tinha de ser uma força sobrenatural, concedida por Deus.

Como Deus pôde permitir isso? Este sujeito está agindo como um completo pagão. Ele é um apóstata que está em extremo pecado!

**Porque os dons e a vocação de Deus são sem arrependimento.**

**Rm 11.29**

Este versículo é um dos mais importantes a compreender, para conservar o entusiasmo. Deus nos adverte: "Vê, Eu te dei talentos, habilidades, e uma missão nesta terra. Tu sempre terás estas coisas, quer sejas crente ou não, quer o teu coração esteja bem comigo ou não. Portanto, não te deixes enganar para pecares, pois os dons ainda estarão contigo, e as portas às quais Eu te chamei ainda estarão abertas. O salário do pecado ainda é, em última análise, a morte!" (Veja Rm 6.23.)

Você pode passar pelas portas e usar os seus talentos e dons enquanto está pecando em alguma área da sua vida, mas se você não permitir que o Espírito e a Palavra de Deus lidem com esse pecado, e você não obtiver a ajuda de que precisa para se livrar dele,

ele acabará destruindo a sua vida. E a primeira coisa que acontece, quando você começa a percorrer este caminho de destruição, é que você perde o entusiasmo.

*Você somente tem o entusiasmo, quando o seu coração, a sua alma, a sua mente e a sua força, pertencem totalmente a Deus.*

Se você perder o entusiasmo, acabará perdendo a unção. Quando você perder a unção, acabará fazendo tudo sozinho, pela sua própria capacidade — você não terá poder. Não brinque com o pecado, pensando, *Deus me perdoa. Ei, não há problema, está tudo bem.* Não está tudo bem, e não vale a pena perder o entusiasmo!

Você está envolvido em alguma atividade pecaminosa que pode fazer com que você perca o entusiasmo?

Quais são algumas áreas que você precisa entregar ao Senhor para que Ele possa lhe fortalecer?

________________________________________

________________________________________

________________________________________

________________________________________

________________________________________

### LISTA DE TAREFAS:

- ☐ Hoje, leia Lucas 22.
- ☐ Há algum pecado do qual você necessite se arrepender hoje?
- ☐ Você está agradecido porque Deus lhe perdoou?
- ☐ Você foi dissuadido de alguma parte do seu cristianismo?
- ☐ Você dará tudo de si a Jesus, hoje?
- ☐ Passe algum tempo louvando e adorando a Deus.
- ☐ Hoje, ore por sua própria vida e pelo seu dia.
- ☐ Ore por sua família, pelos seus amigos e pelas autoridades.
- ☐ Ore pelas pessoas do mundo que ainda não são salvas.
- ☐ Pergunte a Deus se Ele deseja que você saia em uma viagem missionária nas próximas férias.
- ☐ Você tem o entusiasmo necessário para enfrentar os desafios do seu dia?

Você Perdeu o Entusiasmo?

# Dia 5

## A Destruição de Sansão

**Então, os príncipes dos filisteus subiram a ela e lhe disseram: Persuade-o e vê em que consiste a sua grande força e com que poderíamos assenhorear-nos dele e amarrá-lo, para assim o afligirmos; e te daremos cada um mil e cem moedas de prata.**

**Disse, pois, Dalila a Sansão: Declara-me, peço-te, em que consiste a tua grande força e com que poderias ser amarrado para te poderem afligir.**

**Disse-lhe Sansão: Se me amarrassem com sete vergas de vimes frescos, que ainda não estivessem secos, então, me enfraqueceria e seria como qualquer outro homem.**

**Juízes 16.5-7**

Sansão estava brincando com Dalila, mas Dalila não interpretou isso como uma brincadeira. Depois que ele adormeceu, ela o amarrou com sete vergas de vimes frescos, e então o acordou e disse: "Sansão, os filisteus estão aqui! Acorda!" Bum! Ele arrebentou as vergas.

Eu não sei quanto a você, mas se eu fosse Sansão, estaria pensando, *Ei, talvez eu precise verificar se ela realmente é sincera. Eu não sei se ela me ama como eu sou.* Mas Dalila impediu que ele pensasse nisso, acusando-o de não amá-la verdadeiramente.

Na noite seguinte, ela voltou a lhe perguntar qual era a fonte da sua força, e desta vez ele lhe disse que se fosse amarrado com sete cordas novas, seria tão fraco como qualquer outro homem. Assim, naturalmente, ela o fez, e então gritou: "Sansão, acorda! Os filisteus estão aqui!" Bum! Ele rompeu as cordas. Ela se enfureceu e o acusou de não amá-la.

Agora, eu estou pensando, *Sansão, o que você tem na cabeça? Como você pode ser tão estúpido?* Esta foi a segunda vez que ela traiu você, e a segunda vez que ela fez com que você se sentisse culpado por isso. E vamos falar em perder o entusiasmo! Quando perde o entusiasmo, você faz coisas incrivelmente estúpidas e nem mesmo se dá conta disso.

Na terceira vez, Sansão disse a ela que se ela tecesse sete tranças dos cabelos da sua cabeça no tear e as prendesse com uma estaca, ele seria fraco como qualquer outro homem. Assim, enquanto ele dormia, Dalila fez exatamente isso. (Pessoalmente, eu não sei como Sansão conseguiu dormir enquanto isso acontecia!) Novamente, ela gritou, "Acorda, Sansão!"

Sansão arrancou a estaca (o tear) com os cabelos trançados, e Dalila lhe disse, "Oh, ótimo, você mentiu outra vez!" Agora eu penso, *Três vezes, Sansão! O que há com você, homem?* E vamos falar em perder o entusiasmo! Supostamente, Sansão era esse ungido de Israel, e não conseguia ver o que estava acontecendo diante de seus olhos. É isso o que acontece, quando você perde o entusiasmo.

Finalmente, ele contou a ela o verdadeiro segredo da sua força — nunca cortar o seu cabelo. Assim, o que foi que Dalila fez? Ela cortou o cabelo de Sansão, e ele perdeu o entusiasmo. Os filisteus lhe arrancaram os olhos, o acorrentaram, e o usaram para moer grãos (veja Jz 16). Sansão é um retrato de alguém que perdeu o entusiasmo e nem mesmo se deu conta disso.

Você realiza as suas pequenas atividades cristãs e tudo parece bem, mas pouco a pouco, você começa a perder o entusiasmo. Você começa a perder o fervor que já teve pelo Senhor. Você começa a perder a paixão por ver as pessoas salvas, e tanto as vidas como os corações transformados. Infelizmente, isso pode acontecer de maneira tão gradual que você nem mesmo percebe que o entusiasmo está diminuindo, até que tenha se dissipado totalmente.

Há algum pecado que você esteja justificando, ou para o qual está apresentando desculpas?

Há alguma área da sua vida em que você esteja fazendo concessões?

Se você respondeu afirmativamente a alguma destas perguntas, prostre-se imediatamente e submeta-se a Deus. Conte tudo a Ele, obtenha o perdão e purifique-se, e então peça a Ele a força e a sabedoria para não voltar a fazer a mesma coisa. Não seja tolo como Sansão! Conserve o entusiasmo!

Hoje, decida em seu coração acertar estas questões com Deus.

____________________________________

____________________________________

____________________________________

____________________________________

____________________________________

____________________________________

____________________________________

## LISTA DE TAREFAS:

- ☐ Hoje, leia Lucas 3.
- ☐ Há algum pecado do qual você necessite se arrepender hoje?
- ☐ Você está agradecido porque Deus lhe perdoou?
- ☐ Você foi dissuadido de alguma parte do seu cristianismo?
- ☐ Você dará tudo de si a Jesus, hoje?
- ☐ Passe algum tempo louvando e adorando a Deus.
- ☐ Hoje, ore por sua própria vida e pelo seu dia.
- ☐ Ore por sua família, pelos seus amigos e pelas autoridades.
- ☐ Ore pelas pessoas do mundo que ainda não são salvas.
- ☐ Pergunte a Deus se Ele deseja que você saia em uma viagem missionária nas próximas férias.
- ☐ Você tem o entusiasmo necessário para enfrentar os desafios do seu dia?

# Você Perdeu o Entusiasmo?

## Dia 6

## A Maturidade É o Entusiasmo

Quais ideias aparecem em sua mente quando você pensa em um cristão amadurecido? Você pensa na velhinha da sua rua, que nunca vai a lugar algum a não ser a igreja? Você pensa em alguém que tem uma lista de regras no bolso, pronto para apanhá-las a qualquer momento e recitá-las?

Um cristão maduro é aquele que ouve e obedece à Palavra de Deus, que o busca em todos os seus caminhos, e entrega todas as áreas da sua vida a Ele. Eu não digo que eles sejam perfeitos, eu digo que são maduros. Eles têm o entusiasmo porque estão sempre crescendo no seu relacionamento com Deus. Eles sabem que é um processo.

**Como meninos novamente nascidos, o leite racional, não falsificado, para que, por ele, vades crescendo.**

**1 Pedro 2.2**

Um bebê recém-nascido não tem dentes, de modo que tudo o que ele pode receber como alimento é leite. Ele confia unicamente em sua mãe, porque não consegue se alimentar sozinho. Espiritualmente, um cristão nascido de novo é a mesma coisa. Ele se senta na igreja e recebe o leite do pastor, porque não consegue se alimentar sozinho. Ele está aprendendo os fundamentos da fé cristã. O que é bom, neste nível, é que ele *pede* o leite. Os recém-nascidos choram, quando têm fome. Você tem fome de Deus? Você clama, "Oh, Deus, dá-me de comer! Eu quero mais de Ti!"

**Mas o mantimento sólido é para os perfeitos, os quais, em razão do costume, têm os sentidos exercitados para discernir tanto o bem como o mal.**

**Hebreus 5.14**

Um dos sinais de maturidade no Senhor é a sua reação ao alimento. Quando você ouve um sermão que condena o seu coração, ou se alguém o confronta a respeito de algo na sua vida, o que você faz? Um cristão maduro lidará com todas as áreas de pecado em sua vida a fim de conservar o entusiasmo. Em muitos casos, ele nem mesmo precisa de uma mensagem especial de Deus, porque durante o seu momento de oração e o seu estudo da Bíblia, ele permite que o Espírito Santo realize o seu trabalho nele.

Quando você tem o entusiasmo, você não se senta na igreja com uma atitude do tipo, *Alimenta-me, ora por mim, cuida de mim.* A sua atitude passa a ser: *Pai, dá-me tudo o que necessito e modifique qualquer coisa que deva ser modificada para que eu possa servir aos outros.*

Infelizmente, há muitos cristãos que receberam o leite espiritual e talvez apenas um pouco do mantimento sólido, e agora pensam que sabem tudo o que precisam saber. Isso é *arrogância espiritual.* Eles estão tão orgulhosos com o seu próprio nível de *conhecimento,* que se esquecem de que o cristianismo tem a ver com *pessoas.* Jesus morreu pelas pessoas.

*Você tem o entusiasmo quando tem uma atitude de amor, e não de egoísmo.*

Assim, como você passa do nível do leite para o nível do mantimento espiritual e evita a arrogância espiritual?

**E vós também, pondo nisto mesmo toda a diligência, acrescentai à vossa fé a virtude, e à virtude, a ciência, e à ciência, a tem-**

**perança, e à temperança, a paciência, e à paciência, a piedade, e à piedade, o amor fraternal, e ao amor fraternal, a caridade.**

**Porque, se em vós houver e aumentarem estas coisas, não vos deixarão ociosos nem estéreis no conhecimento de nosso Senhor Jesus Cristo.**

**Pois aquele em quem não há estas coisas é cego, nada vendo ao longe, havendo-se esquecido da purificação dos seus antigos pecados.**

**2 Pedro 1.5-9**

Você se esqueceu de que foi purificado de seus pecados? Você se esqueceu de que foi salvo, de que é um filho de Deus? Você realmente tem suficiente sede e fome de Deus, a ponto de permitir que o Espírito Santo desenvolva todas estas excelentes qualidades em sua vida? Deus deseja mostrar, na sua Palavra, como viver, crescer, prosperar e transformar o mundo. Então você não fará apenas um pequeno progresso na escola em que estuda, você iniciará uma revolução! Quando você tem o entusiasmo, você faz o que a Palavra de Deus e o seu Espírito dizem.

Leia outra vez a lista de qualidades de 2 Pedro 1.5-7. Quais delas são os seus pontos fortes?

______________________________________

______________________________________

______________________________________

Quais delas são os seus pontos fracos e o que você precisa fazer a respeito delas?

______________________________________

______________________________________

## LISTA DE TAREFAS:

- ☐ Hoje, leia Lucas 4 e João .
- ☐ Há algum pecado do qual você necessite se arrepender hoje?
- ☐ Você está agradecido porque Deus lhe perdoou?
- ☐ Você foi dissuadido de alguma parte do seu cristianismo?
- ☐ Você dará tudo de si a Jesus, hoje?
- ☐ Passe algum tempo louvando e adorando a Deus.
- ☐ Hoje, ore por sua própria vida e pelo seu dia.
- ☐ Ore por sua família, pelos seus amigos e pelas autoridades.
- ☐ Ore pelas pessoas do mundo que ainda não são salvas.
- ☐ Pergunte a Deus se Ele deseja que você saia em uma viagem missionária nas próximas férias.
- ☐ Você tem o entusiasmo necessário para enfrentar os desafios do seu dia?

## Dia 7

## De Glória em Glória

**Mas todos nós, com cara descoberta, refletindo, como um espelho, a glória do Senhor, somos transformados de glória em glória, na mesma imagem, como pelo Espírito do Senhor.**

**2 Coríntios 3.18**

Cada experiência com Deus é excelente e transformadora de vida, mas nós não podemos viver de uma experiência a outra. Para conservar o entusiasmo, nós devemos ir de glória em glória, e isso quer dizer que todos os dias devemos passar tempo com Deus e permitir que Ele nos modifique e nos oriente. Se tivermos uma experiência profunda e transformadora de vida, excelente! Mas aquilo que desejamos é simplesmente viver na presença de Deus e seguir o Senhor Jesus.

Se você viver por experiências, as coisas podem realmente perder o foco, e você pode até mesmo parar de crescer. Denominações inteiras foram construídas sobre *uma única* experiência. Deus entrou em cena, encheu as mentes das pessoas, e durante os dez anos seguintes elas pregaram e cantaram sobre isso. "Oh, não foi emocionante? Você se lembra daquele dia?" E ninguém cresce além dessa única experiência.

Mas e quanto a nós, hoje em dia? Não estamos fazendo a mesma coisa? Nós desejamos estar no grupo de jovens *do momento*. Não há nada de errado em estar em um grupo de jovens — eu quero que você esteja tão envolvido quanto puder — mas quando ficamos um pouco entediados com o que está acontecendo, nós o deixamos, e procuramos outro grupo de jovens com mais emoção e mais diversão.

Precisamos ter uma experiência espiritual sobrenatural com Deus no acampamento, e edificarmos a nossa vida cristã com base nesta experiência única. Nós pensamos que se não tivermos uma experiência similar todas as semanas em grupos de jovens, não estaremos vivenciando Deus. Assim, nós oramos: "Oh, Deus, eu desejo aquele mesmo fogo, Senhor. Derrama-o outra vez, como no acampamento!" Quando um pouco de fogo desce do céu, *uau*! "Oh, eu sou tão abençoado. Ahh". Então nós voltamos e oramos outra vez: "Deus, dá-me um pouco daquele fogo de antes, por favor!"

Então, nós vivenciamos uma pequena renovação. É precioso. É impressionante. É o máximo. É diferente de tudo o que tivemos antes. E então, passa. Assim, nós começamos a pedir novamente por algo parecido com aquilo e a esperar que a próxima reunião, ou o próximo acampamento, ou o próximo concerto, ou a próxima convenção, será o que trará um pouco mais de fogo.

Nós vamos de experiência em experiência — de sacudida em sacudida — e nos tornamos orientados pelas experiências, em lugar de cultivar e manter aceso um fogo que na realidade continua ardendo. Nós conservamos esse fogo ardente por meio de um relacionamento pessoal com Jesus Cristo e este relacionamento está baseado na Palavra de Deus e na oração.

Conseguir o entusiasmo e conservá-lo significa que você não pode se limitar a acompanhar a maré na leitura da sua Bíblia e na sua oração. Você deve realmente ver Deus com todo o seu coração, enquanto lê. Isso o tornará amadurecido no Senhor — e não simplesmente passando de uma experiência a outra.

Deus não está aqui para nos dar uma experiência depois da outra, para que possamos conservar o nosso entusiasmo. Ele está aqui para viver as nossas vidas conosco. Ele quer viver conosco, nos abençoar, nos ensinar, nos advertir do perigo, nos contar como podemos derrotar os nossos inimigos, nos dar sabedoria para fazer tudo o que Ele quer que façamos e para sermos as pessoas que Ele nos criou para ser.

*Um relacionamento diário e íntimo com o Pai é da maior importância!*

Quando confiamos nas experiências, é fácil passar a ser superficial e começar a acompanhar a maré. É fácil estagnar no nosso relacionamento com Deus. Por exemplo, digamos que você teve uma mega revelação em sua vida. Eu quero dizer, o fogo desceu! Foi incrível! Foi impressionante! E, no meio disso, você está pensando, *Deus, Tu és simplesmente grandioso!*

*Eu nunca mais serei o mesmo. Estou livre de todos aqueles maus hábitos. Eu nunca mais terei um mau pensamento durante toda a minha vida. Eu estou praticamente arrebatado agora!*

Na manhã seguinte você acorda, e pensa, *Para onde foi Deus? Como pode ser que eu esteja tendo um mau pensamento? Oh, aquilo foi real? Talvez não tenha sido real, afinal.* Isso é porque você está confiando em uma experiência, e não em Deus — e a experiência se acabou. O que você precisa ter em mente é que DEUS NÃO FOI EMBORA!

*Deus é aquEle que traz o fogo, por isso ande com Ele.*

Nós deveríamos estar dizendo, "Deus, eu quero ir de glória em glória. Eu quero que o Teu fogo arda em mim noite e dia. Eu não quero um pequeno clarão. Eu quero aquilo que é real. Não me dês apenas uma experiência mas dá-me um *estilo de vida*".

Agora, não me entenda mal — quando você encontrar Jesus pela primeira vez, quando Ele for real para você, esta será uma experiência da qual você deverá se lembrar todos os dias da sua vida. É quando Jesus se torna real para você; e a partir desse momento ninguém consegue lhe dissuadir. Mas à medida que você fica mais amadurecido no Senhor, você conserva o entusiasmo, vivenciando Deus todos os momentos de todos os dias, em um relacionamento.

De Glória em Glória

Você já esteve passando de experiência em experiência?

Pare agora mesmo, e decida obter de volta o entusiasmo, indo de glória em glória. Envolva-se na sua igreja local. Envolva-se no seu grupo de jovens. Pode haver apenas cinco jovens ali, mas se esses cinco estiverem ardendo por Deus, você poderá transformar a sua comunidade e a sua escola. É bom visitar outros grupos de jovens, de vez em quando, mas o seu pastor de jovens precisa saber que você está *comprometido* com o seu grupo de jovens.

Liste quatro maneiras pelas quais você pode exibir o seu compromisso com o seu grupo de jovens.

____________________________________________

____________________________________________

____________________________________________

____________________________________________

____________________________________________

**LISTA DE TAREFAS:**

- ☐ Hoje, leia João 2 e 3.
- ☐ Há algum pecado do qual você necessite se arrepender hoje?
- ☐ Você está agradecido porque Deus lhe perdoou?
- ☐ Você foi dissuadido de alguma parte do seu cristianismo?
- ☐ Você dará tudo de si a Jesus, hoje?
- ☐ Passe algum tempo louvando e adorando a Deus.
- ☐ Hoje, ore por sua própria vida e pelo seu dia.
- ☐ Ore por sua família, pelos seus amigos e pelas autoridades.
- ☐ Ore pelas pessoas do mundo que ainda não são salvas.
- ☐ Pergunte a Deus se Ele deseja que você saia em uma viagem missionária nas próximas férias.
- ☐ Você tem o entusiasmo necessário para enfrentar os desafios do seu dia?

# Capítulo 9
# Como Perder o Entusiasmo

*Porquanto, tendo conhecido a Deus, não o glorificaram como Deus, nem lhe deram graças; antes, em seus discursos se desvaneceram, e o seu coração insensato se obscureceu. Dizendo-se sábios, tornaram-se loucos.*

*Romanos 1.21,22*

## Dia 1

## Pecando

**Mortificai, pois, os vossos membros que estão sobre a terra: a prostituição, a impureza, o apetite desordenado, a vil concupiscência e a avareza, que é idolatria; pelas quais coisas vem a ira de Deus sobre os filhos da desobediência; nas quais também, em outro tempo, andastes, quando vivíeis nelas. Mas, agora, despojai-vos também de tudo: da ira, da cólera, da malícia, da maledicência, das palavras torpes da vossa boca.**

**Colossenses 3.5-8**

Deus deseja que lidemos com o pecado no momento em que ele exibir o seu rosto feio. Se nós justificarmos o nosso comportamento pecador ou fizermos concessões em relação às nossas crenças, perderemos o entusiasmo. Não é necessário sequer um grande pecado.

Pecando

Se andarmos no pecado, em qualquer tipo de pecado, perderemos o entusiasmo.

Nós podemos ser enganados, como Sansão. Ele não perdeu o entusiasmo, nem na primeira vez nem mesmo na segunda vez em que pecou. Veja todas as coisas às quais ele escapou impune, antes de morrer. Mas a qual preço? Confiar em alguém que não o amava — isso era o melhor que Deus tinha em mente para a vida dele? Nós pensamos, *não há problema em se divertir, ou não ter tempo para a oração, ou em ver TV em excesso ou até mesmo ver aquele filme pornográfico. Eu quero dizer, eu fiz isso durante semanas, e Deus ainda está atendendo as minhas orações quando eu oro pelas pessoas.* Você está se enganando!

Quando você anda no pecado, a complacência se instala. Você tem uma atitude *indiferente* sobre tudo — uma falta de interesse total. Se você tem o entusiasmo, você está ardendo por Deus, e você será impressionantemente zeloso das coisas de Deus. Não há sequer um osso complacente no seu corpo! Você quer conquistar os corações das pessoas para o Senhor! Você quer ver vidas transformadas! Você quer ver as más situações serem transformadas! Como você pode desejar tudo isso, se não se preocupar com nada, exceto ver TV e sair com seu namorado ou namorada?

O pecado produz um coração endurecido (leia Rm 1). Isso vai além da indiferença. Um coração endurecido é uma rebelião direta com relação a Deus. Uma pessoa com um coração endurecido desrespeita totalmente o que a Bíblia diz sobre qualquer coisa. Ela considera até mesmo a opinião da Bíblia sobre a moralidade uma coisa absurda.

Quando o seu coração está endurecido, você perde completamente o entusiasmo — e provavelmente nem mesmo tenha consciência disso.

Qual é a condição do seu coração hoje? Use a sua lista de tarefas para responder.

________________________________________

________________________________________

## LISTA DE TAREFAS:

- ☐ Hoje, leia João 4.
- ☐ Há algum pecado do qual você necessite se arrepender hoje?
- ☐ Você está agradecido porque Deus lhe perdoou?
- ☐ Você foi dissuadido de alguma parte do seu cristianismo?
- ☐ Você dará tudo de si a Jesus, hoje?
- ☐ Passe algum tempo louvando e adorando a Deus.
- ☐ Hoje, ore por sua própria vida e pelo seu dia.
- ☐ Ore por sua família, pelos seus amigos e pelas autoridades.
- ☐ Ore pelas pessoas do mundo que ainda não são salvas.
- ☐ Pergunte a Deus se Ele deseja que você saia em uma viagem missionária nas próximas férias.
- ☐ Você tem o entusiasmo necessário para enfrentar os desafios do seu dia?

# Como Perder o Entusiasmo

## Dia 2

## Desobedecendo ao Espírito Santo

**Se me amardes, guardareis os meus mandamentos.**

**E eu rogarei ao Pai, e ele vos dará outro Consolador, para que fique convosco para sempre, o Espírito da verdade, que o mundo não pode receber, porque não o vê, nem o conhece; mas vós o conheceis, porque habita convosco e estará em vós.**

**Mas aquele Consolador, o Espírito Santo, que o Pai enviará em meu nome, vos ensinará todas as coisas e vos fará lembrar de tudo quanto vos tenho dito.**

**João 14.15-17,26**

Não obedecer ao que o Espírito Santo lhe diz sobre certas coisas é outra maneira de perder o entusiasmo. Quando o Espírito Santo condena-o a respeito de alguma área da sua vida, você precisa tomar providências quanto a ela imediatamente. Se é pecado, arrependa-se, livre-se dele, e aceite o perdão de Deus. Se você deve fazer alguma coisa para Deus, faça-a. A boa notícia é que Deus lhe dará as forças para fazer o que quer que seja. Ignorar o Espírito

Santo — ou não pedir a sua ajuda — é o caminho rápido para a perda do entusiasmo.

Como estou envolvido no ministério, conheci ministros que ignoraram as condenações do Espírito Santo e caíram no pecado ou seguiram na direção errada. Você pode não ser capaz de perceber isso a princípio, porque os tais ministros continuam pregando sermões poderosos ou cantando cânticos ungidos. Mas a desobediência deles acabará exposta e eles perderão o entusiasmo.

Alguns ainda estão no ministério hoje em dia, e têm mensagens excelentes, mas não é a mesma coisa que antes da sua desobediência. Eu não sinto *o fogo*. As suas palavras parecem vazias. E eu penso, *Quão mais poderosas seriam estas pessoas, se não tivessem caído em pecado? Quantas vidas mais eles estariam influenciando, se tivessem dado ouvidos e obedecido à condenação do Espírito Santo?*

Eu quero ser usado da melhor maneira que puder em benefício do Reino de Deus. Eu quero que Deus olhe para mim e diga: "Meu bom e fiel servo, em quem me comprazo". Eu não quero fazer *nada* que ponha isso em risco. Você quer?

Não são apenas os pastores ou os ministros sob os holofotes que precisam ter cuidado. *Você* precisa se certificar de que sempre ouve as condenações e os estímulos do Espírito Santo. Se você for condenado por ver alguns tipos de filmes, você precisa dar ouvidos a esta condenação e corrigir a sua vida.

Não pregue a sua convicção pessoal, e não condene os outros, se eles não tiverem as mesmas convicções, mas se os seus amigos pressionarem você para acompanhá-los, não ceda à pressão. Viva de acordo com as suas convicções. Isso pode ser difícil, no princípio, mas quanto mais você obedecer ao Espírito Santo, mais fácil será.

Quando desobedecemos ao Espírito Santo, fica mais difícil ouvir a sua voz da próxima vez. Então, uma desobediência após outra leva ao engano total. Nós perdemos o entusiasmo e nem nos damos conta disso. Assim, ouça o Espírito Santo!

Faça uma lista de cinco coisas pelas quais o Espírito Santo lhe condenou.

1.______________________________

2.______________________________

3.______________________________

4.______________________________

5.______________________________

## LISTA DE TAREFAS:

- ☐ Hoje, leia João 5.
- ☐ Há algum pecado do qual você necessite se arrepender hoje?
- ☐ Você está agradecido porque Deus lhe perdoou?
- ☐ Você foi dissuadido de alguma parte do seu cristianismo?
- ☐ Você dará tudo de si a Jesus, hoje?
- ☐ Passe algum tempo louvando e adorando a Deus.
- ☐ Hoje, ore por sua própria vida e pelo seu dia.
- ☐ Ore por sua família, pelos seus amigos e pelas autoridades.
- ☐ Ore pelas pessoas do mundo que ainda não são salvas.
- ☐ Pergunte a Deus se Ele deseja que você saia em uma viagem missionária nas próximas férias.
- ☐ Você tem o entusiasmo necessário para enfrentar os desafios do seu dia?

# Como Perder o Entusiasmo

## Dia 3

## Desperdiçando o Tempo

O tempo é algo que todos consideramos que temos em abundância. Durante o período letivo, os alunos pensam, "As férias nunca chegarão?" Mas nós precisamos administrar bem o nosso tempo. Precisamos usar o nosso tempo de maneira sensata.

Nós precisamos passar algum tempo *a sós* com Deus. Eu não me refiro aos cinco minutos de todas as manhãs. Eu não me refiro nem mesmo a uma hora todas as tardes. Eu me refiro a uma comunhão entre você e Deus. Você não precisa ser como um monge e viver nos montes. Você pode ficar a sós com Deus e ainda ter o seu estilo de vida normal, basta apenas se livrar de algumas coisas. Nós temos muitas atividades em nossas vidas.

Desligar a televisão, durante as tardes. Desligar o rádio do carro. Passar algum tempo a sós no quarto, sem nenhuma distração. Quando tudo estiver em silêncio, e não houver nada que distraia a sua mente, você ainda poderá ouvir a voz baixa do Espírito Santo. Quando Deus souber que tem a sua atenção indivisa, Ele lhe transmitirá sabedoria e entendimento. Você começará a crescer e amadurecer. Você começará a melhorar o entusiasmo.

Nós estamos condicionados a pensar que sempre temos de fazer alguma coisa. Se não estamos na escola, devemos estar jogando futebol. Se não estamos jogando futebol, devemos estar no trabalho. Se não estamos no trabalho, devemos estar em casa, preparando-nos para começar tudo de novo no dia seguinte.

Você já ficou sem energia elétrica durante uma tempestade? Tudo fica terrivelmente quieto. Sem rádio, sem televisão, sem telefone — você nem mesmo ouve o zumbido da geladeira. Nesses momentos, nós pensamos, *O que vamos fazer?* Não há nada para ver, nada para ouvir, nada com que alimentar o seu cérebro. Tudo muito quieto e silencioso. O que você faz? Você organiza um momento familiar em que vocês simplesmente se sentam e conversam? Você aproveita o silêncio?

Não espere a falta de energia elétrica para ser forçado a estar em silêncio diante de Deus. Se você está esperando por isso, provavelmente já perdeu o entusiasmo. Comprometa-se em ter este momento de rica comunhão com Ele todos os dias.

O que lhe rouba o tempo que você gostaria de dedicar a Deus?

________________________________________

________________________________________

O que você vai deixar de lado, para permitir que o Espírito Santo fale com você?

________________________________________

________________________________________

### LISTA DE TAREFAS:

- ☐ Hoje, leia João 6.
- ☐ Há algum pecado do qual você necessite se arrepender hoje?
- ☐ Você está agradecido porque Deus lhe perdoou?
- ☐ Você foi dissuadido de alguma parte do seu cristianismo?
- ☐ Você dará tudo de si a Jesus, hoje?
- ☐ Passe algum tempo louvando e adorando a Deus.
- ☐ Hoje, ore por sua própria vida e pelo seu dia.
- ☐ Ore por sua família, pelos seus amigos e pelas autoridades.
- ☐ Ore pelas pessoas do mundo que ainda não são salvas.
- ☐ Pergunte a Deus se Ele deseja que você saia em uma viagem missionária nas próximas férias.
- ☐ Você tem o entusiasmo necessário para enfrentar os desafios do seu dia?

# Como Perder o Entusiasmo

## Dia 4

## Não Curando as Feridas

**Vinde a mim, todos os que estais cansados e oprimidos, e eu vos aliviarei.**

**Tomai sobre vós o meu jugo, e aprendei de mim, que sou manso e humilde de coração, e encontrareis descanso para a vossa alma.**

**Porque o meu jugo é suave, e o meu fardo é leve.**

**Mateus 11.28-30**

Já é suficientemente ruim que não podemos viver no Jardim do Éden, onde tudo era perfeito — clima perfeito, comida perfeita, animais perfeitos, e pessoas perfeitas. Não, nós vivemos no *mundo real*. Juntamente com o mundo real, nós temos dores reais, que deixam feridas reais. Se não lidarmos com estas feridas, elas se inflamarão dentro de nós, e provocarão a perda do nosso entusiasmo.

Há muito sofrimento entre os jovens, hoje em dia. Os maus tratos físicos, espirituais e emocionais ocorrem com um número muito grande de jovens e crianças. As crianças são espancadas por seus pais, violentadas sexualmente por membros da família, e verbalmente destroçadas. Muitas sofrem com os efeitos horríveis do divórcio. É de admirar que algumas delas cresçam e se tornem relativamente normais.

Mas todas aprendem a viver com — de uma maneira ou de outra — as suas feridas. Um número cada vez maior de adolescentes sofre de distúrbios alimentares. Nós vemos cada vez mais violência nas escolas da nação. Alguns fogem de casa, pensando que qualquer coisa será melhor do que aquilo com que eles têm de lidar em casa. Então há os outros, que enterram tudo dentro de si, até quando são adultos, e então passam o resto de suas vidas em um consultório de psiquiatra. Infelizmente, muitas das pessoas feridas no mundo de hoje são cristãos. O pior não é que tenham sofrido dores, mas que nunca tenham sido capazes de permitir que Jesus curasse as suas feridas.

Você mesmo pode estar sofrendo com alguma ferida. Pode não necessariamente ser devida a um pai ou um membro da família. A sua dor pode ser o resultado de um rompimento com um namorado ou uma namorada. Ela pode se originar de um grande amigo que o traiu ou fez mexericos a seu respeito. Mas não importa de onde veio a ferida. O que importa é que você tem a Resposta.

Você pode estar pensando, *Eu posso ter sido assim. Certamente, eu fui ferido no passado, mas estou bem agora.*

Está mesmo?

Se você vê a pessoa que lhe feriu, o seu coração se acelera?

Você subitamente revive a dor, e deseja ver essa pessoa ferida?

Há ocasiões em que o seu coração ainda dói?

Se você respondeu afirmativamente a qualquer destas perguntas, você não permitiu que Jesus limpasse e curasse a ferida.

As feridas passadas não solucionadas podem tornar você praticamente ineficaz para o Reino de Deus, impedindo o seu crescimento espiritual. Mas nós temos a única resposta — Jesus Cristo.

**O Espírito do Senhor é sobre mim, pois que me ungiu para evangelizar os pobres, enviou-me a curar os quebrantados do**

**coração, a apregoar liberdade aos cativos, a dar vista aos cegos, a pôr em liberdade os oprimidos.**

**Lucas 4.18,19**

Que feridas você precisa entregar a Deus? Escreva-as como um ato em que você as libera, e as entrega a Jesus, que é aquEle que lhe cura. Então, quando você se lembrar delas, diga ao Diabo que você é uma pessoa liberta.

________________________________________

________________________________________

________________________________________

________________________________________

________________________________________

Peça ao Senhor que comece a curar o seu coração partido e as suas emoções feridas. Faça uma oração de perdão, por não liberar aquela dor e as lembranças que estão tentando devorar o seu futuro. Perdoe aqueles que lhe feriram.

Quando você liberar essas dores, nunca as aceite outra vez! O diabo tentará convencê-lo de que você não está realmente curado, e ele pode até mesmo fazer que alguém apareça e tente fazer a mesma coisa para ferir você, mas não aceite! A única coisa que você vai aceitar, a partir de agora, é o poder curador de Jesus!

## LISTA DE TAREFAS:

- ☐ Hoje, leia João 7.
- ☐ Há algum pecado do qual você necessite se arrepender hoje?
- ☐ Você está agradecido porque Deus lhe perdoou?
- ☐ Você foi dissuadido de alguma parte do seu cristianismo?
- ☐ Você dará tudo de si a Jesus, hoje?
- ☐ Passe algum tempo louvando e adorando a Deus.
- ☐ Hoje, ore por sua própria vida e pelo seu dia.
- ☐ Ore por sua família, pelos seus amigos e pelas autoridades.
- ☐ Ore pelas pessoas do mundo que ainda não são salvas.
- ☐ Pergunte a Deus se Ele deseja que você saia em uma viagem missionária nas próximas férias.
- ☐ Você tem o entusiasmo necessário para enfrentar os desafios do seu dia?

# Como Perder o Entusiasmo

## Dia 5

## Pela Falta de Disciplina

**Portanto, se já ressuscitastes com Cristo, buscai as coisas que são de cima, onde Cristo está assentado à destra de Deus.**
**Pensai nas coisas que são de cima e não nas que são da terra.**

**Colossenses 3.1,2**

Alguém que tem o entusiasmo é disciplinado, em questões espirituais e também físicas. Nós pensamos que a única coisa que importa é que oremos o máximo que pudermos e leiamos a nossa Bíblia todos os dias. Eu não estou dizendo que devemos ser robôs apegados a um monte de regras e regulamentações. Mas nós devemos ser disciplinados na busca da vida real.

Ser *disciplinado* é colocar Deus em primeiro lugar na sua vida — em tudo o que você fizer e disser. Isso significa que você está se esforçando para entrar no Santo dos Santos e obter a vida real. Ser disciplinado é ler a Bíblia, porque você sabe que ela é a sua fonte de fé e força. Ser disciplinado é orar, porque você sabe que a comunhão diária com o Deus vivo é o ponto alto do seu dia. Ser disciplinado é passar tempo louvando e adorando o Senhor, porque você sabe que o louvor aplaca o Inimigo.

Ser *indisciplinado* é egocentrismo — você lê a Bíblia e ora quando tem vontade. O seu mundo gira à sua volta, sem considerar ninguém mais. Cada decisão que você toma se baseia em como ela irá beneficiá-lo. Você não tem um coração de amor e compaixão pelos outros. Você pode amar as pessoas, mas é um amor condicional — você as amará enquanto estiver obtendo algo delas. Ser indisciplinado é não ver os outros como Deus os vê. Isso pode ser uma revelação profunda para alguns, mas Jesus morreu na cruz por *todos*!

**Revesti-vos, pois, como eleitos de Deus, santos e amados, de entranhas de misericórdia, de benignidade, humildade, mansidão, longanimidade, suportando-vos uns aos outros e perdoando-vos uns aos outros, se algum tiver queixa contra outro; assim como Cristo vos perdoou, assim fazei vós também.**

**E, sobre tudo isto, revesti-vos de caridade, que é o vínculo da perfeição.**

**Colossenses 3.12-14**

É difícil crer que alguém é realmente disciplinado espiritualmente, se não é disciplinado fisicamente. Você tem um modo de vida disciplinado? Isto abrange tudo, desde o alimento que você ingere até o que você faz com o seu tempo livre.

Eu acredito que os cristãos devem ser exemplos de excelência. Se você é um atleta, você está trabalhando o máximo que pode para ser o melhor que puder? Se você tem um emprego, você dá ao seu empregador as suas melhores habilidades? Você chega ao trabalho pontualmente e fica até que seja a hora de sair? Na escola, você leva a sério a sua educação? Você se esforça para obter as melhores notas possíveis ou fica satisfeito em apenas "passar raspando"?

Você pode pensar, *O que tudo isso tem a ver?* A maneira como você responde a estas perguntas indica se você leva ou não uma vida disciplinada.

Liste quatro áreas da sua vida diária em que você precisa ser mais disciplinado.

1.________________________________________
2.________________________________
3.________________________________
4.________________________________

Liste quatro maneiras para você ser mais disciplinado espiritualmente.

1.________________________________
2.________________________________
3.________________________________
4.________________________________

## LISTA DE TAREFAS:

- ☐ Hoje, leia João 8.
- ☐ Há algum pecado do qual você necessite se arrepender hoje?
- ☐ Você está agradecido porque Deus lhe perdoou?
- ☐ Você foi dissuadido de alguma parte do seu cristianismo?
- ☐ Você dará tudo de si a Jesus, hoje?
- ☐ Passe algum tempo louvando e adorando a Deus.
- ☐ Hoje, ore por sua própria vida e pelo seu dia.
- ☐ Ore por sua família, pelos seus amigos e pelas autoridades.
- ☐ Ore pelas pessoas do mundo que ainda não são salvas.
- ☐ Pergunte a Deus se Ele deseja que você saia em uma viagem missionária nas próximas férias.
- ☐ Você tem o entusiasmo necessário para enfrentar os desafios do seu dia?

# Como Perder o Entusiasmo

## Dia 6

## Pelo Cansaço

**E não nos cansemos de fazer o bem, porque a seu tempo ceifaremos, se não houvermos desfalecido.**

**Gálatas 6.9**

Todo o tempo, eu vejo pessoas, velhas e jovens, que estão frustradas com seu andar cristão. Elas fazem tudo certo — leem suas Bíblias, oram, dão testemunho a seus amigos, participam de viagens missionárias, trabalham em seus grupos de jovens e são voluntárias sempre que é necessário. Elas trabalham arduamente, de fato, mas começaram a acompanhar a maré. Tudo o que tem a ver com ministério se tornou *trabalho*. E quando tudo o que você faz é *trabalhar*, você fica muito cansado — cansado de fazer coisas boas. A menor coisa se torna um fardo.

Se Deus é a fonte da sua força, por que isso acontece? É porque eles estão cansados. Eles trabalham sem o entusiasmo. Eles estão fazendo coisas boas, mas não para o Senhor. A sua paixão e o seu fogo parece mais um fósforo quase apagado, porque todo o seu foco está em quão cansados eles estão, no quanto eles fizeram e estão fazendo, e nos poucos resultados e recompensas que obtiveram por todo o seu trabalho.

Quando o seu grupo de jovens sai e testifica às pessoas, você pensa, *Oh, outra noite falando para um bando de pervertidos sobre Jesus. Por que eles simplesmente não endireitam suas vidas!* Ou o seu coração se enche de entusiasmo e expectativa por conduzir alguém a Jesus? *Uau! Eu mal posso esperar para falar sobre Jesus!*

E o que dizer sobre os seus amigos, da escola? Talvez haja alguns aos quais você deu testemunho algumas vezes, sem obter nenhuma resposta deles. Você está tão cansado de ouvi-los dizer não, que desistiu. Você pensa, *Se eles não disseram sim a Jesus até agora, nunca dirão.* Ou você convidou um amigo para se unir ao seu grupo de jovens tantas vezes que já perdeu a conta? Você pensa, *Por que convidar outra vez? Ele dirá que não.*

Estas são respostas cansadas! Acorde! Você está perdendo o entusiasmo!

Deus colocou algo novo e vivo em você — o Espírito Santo — o mesmo Espírito que ressuscitou Jesus dos mortos VIVE EM VOCÊ!

Você, diz: "Eu sei disso. E como é que posso acordar? Como posso deixar de ficar cansado de fazer coisas boas?"

**E, tudo quanto fizerdes, fazei-o de todo o coração, como ao Senhor e não aos homens, sabendo que recebereis do Senhor o galardão da herança, porque a Cristo, o Senhor, servis.**

**Colossenses 3.23,24**

Em primeiro lugar, faça tudo como se Jesus estivesse bem ao seu lado, pedindo que você fizesse isto. Seja ajudar seus pais nos serviços de casa, seja ajudar seu irmão ou irmã com os deveres de casa, levar o cachorro para passear, dar testemunho a um amigo, sair com o grupo de jovens ou participar de uma viagem missionária — você está fazendo tudo isto para Jesus. Se esta é a sua atitude, você não ficará cansado de fazer o bem.

Em segundo lugar, verifique o seu coração. O que o motiva a fazer as coisas boas que faz? Você deseja reconhecimento? Você está promovendo a si mesmo ou a Deus? Você deseja algo em troca? Ou você apenas deseja agradar a Jesus?

*Deus não deseja que façamos nada para Ele sem que tenhamos o entusiasmo.*

**O eterno Deus, o Senhor, o Criador dos confins da terra, nem se cansa, nem se fatiga? Não há esquadrinhação do seu entendimento.**

**Dá vigor ao cansado e multiplica as forças ao que não tem nenhum vigor.**

**Os jovens se cansarão e se fatigarão, e os jovens certamente cairão.**

**Mas os que esperam no Senhor renovarão as suas forças e subirão com asas como águias; correrão e não se cansarão; caminharão e não se fatigarão.**

**Isaías 40.28-31**

Escreva alguma coisa de que você se cansou e quase desistiu. Pode ter sido um sonho, a salvação de um amigo, ou a sua participação em um grupo de jovens.

______________________________________

______________________________________

______________________________________

______________________________________

______________________________________

______________________________________

Agora, declare: "Deus, eu não vou desistir das coisas que sei que Tu me chamaste para fazer. A partir de agora, vou recorrer a ti como minha única fonte de força. Eu vou fazer tudo como se Tu estivesses me pedindo pessoalmente para fazer isto".

## LISTA DE TAREFAS:

- ☐ Hoje, leia João 9 e 10.
- ☐ Há algum pecado do qual você necessite se arrepender hoje?
- ☐ Você está agradecido porque Deus lhe perdoou?
- ☐ Você foi dissuadido de alguma parte do seu cristianismo?
- ☐ Você dará tudo de si a Jesus, hoje?
- ☐ Passe algum tempo louvando e adorando a Deus.
- ☐ Hoje, ore por sua própria vida e pelo seu dia.
- ☐ Ore por sua família, pelos seus amigos e pelas autoridades.
- ☐ Ore pelas pessoas do mundo que ainda não são salvas.
- ☐ Pergunte a Deus se Ele deseja que você saia em uma viagem missionária nas próximas férias.
- ☐ Você tem o entusiasmo necessário para enfrentar os desafios do seu dia?

# Como Perder o Entusiasmo

## Dia 7

## Recuperando o Entusiasmo

**[Eu quero] conhecê-lo [a Cristo], e a virtude da sua ressurreição.**

**Não que já a tenha alcançado ou que seja perfeito; mas prossigo para alcançar aquilo para o que fui também preso por Cristo Jesus.**

**Irmãos, quanto a mim, não julgo que o haja alcançado; mas uma coisa faço, e é que, esquecendo-me das coisas que atrás ficam e avançando para as que estão diante de mim, prossigo para o alvo, pelo prêmio da soberana vocação de Deus em Cristo Jesus.**

**Filipenses 3.10,12-14**

Você pode não ter vivido a vida mais santa. Se decidissem escrever uma placa com os nomes de todos os santos na sua escola, o seu nome provavelmente não estaria nela. Isso já não importa mais. Paulo escreveu esta passagem das Escrituras e viveu uma vida muito pitoresca. Ele era um fariseu antes de ter um encontro com Jesus (veja Fp 3.5). Ele tinha perseguido a igreja, arrastando cristãos de suas casas e matando-os por sua fé (veja Fp 3.6 e At 8.1-3). Ele estava presente quando Estêvão foi apedrejado até a morte (veja At 7.58). Paulo era um sujeito mau!

Mas quando teve um encontro com o Deus vivo e entregou a sua vida completamente a Jesus, ele sofreu uma transformação. Ele passou a disciplinar muitos crentes, serviu em muitas igrejas, fundou muitas delas, e escreveu uma grande parte do Novo Testamento. Ele desenvolveu o entusiasmo *depois* de ter feito estas coisas horríveis, e você também pode fazer o mesmo.

Se você perdeu o entusiasmo, você passou a uma situação medíocre. Você está no meio da multidão. Você não é diferente dos demais. Você praticamente se mistura. O seu testemunho não é muito eficaz, porque ninguém o percebe. Você pode ter muitos amigos, uma boa vida social, e parecer que está se encaixando, ou você pode buscar o entusiasmo — você pode tê-lo de volta!

Separe-se da multidão e entre no Santo dos santos. Peça ao Senhor que lhe mostre o que está impedindo que você tenha o entusiasmo, e se arrependa. Clame a Ele, e diga: "Deus, eu quero encontrar o tesouro. Eu quero o Santo dos santos. Eu quero o que Elias tinha. Eu quero o que Davi tinha. Eu quero o que Moisés tinha. Eu quero o que Jacó tinha, quando disse: 'Dá-me essa bênção!' Eu quero o que João Batista tinha. Eu quero o que Pedro e Paulo tinham. Eu quero o entusiasmo, Deus!"

O entusiasmo separa você da multidão. Você tem mais coragem e mais autoridade em Jesus Cristo se você tiver entusiasmo. Você fala com poder. Você tem um trovão em sua voz, porque tem um fogo ardente dentro de si. Você tem confiança sobre quem você é. Você não está procurando um título, nem se certificando de que as pessoas estejam olhando para você. Nada disso importa, porque você tem entusiasmo. Você tem Deus, e isso é tudo o que importa.

Que o seu coração esteja aberto para o que quer que Deus deseje fazer em sua vida.

**Porque eu bem sei os pensamentos que penso de vós, diz o Senhor; pensamentos de paz e não de mal, para vos dar o fim que esperais.**

**Jeremias 29.11**

Você se mistura com a multidão?

Você está disposto a fazer o que for necessário para ter o entusiasmo de volta?

Que planos você crê que Deus tenha para sua vida?

________________________________________

________________________________________

________________________________________

________________________________________

O que está impedindo que você tenha entusiasmo?

________________________________________

________________________________________

________________________________________

________________________________________

## LISTA DE TAREFAS:

- ☐ Hoje, leia João 11 e 12.
- ☐ Há algum pecado do qual você necessite se arrepender hoje?
- ☐ Você está agradecido porque Deus lhe perdoou?
- ☐ Você foi dissuadido de alguma parte do seu cristianismo?
- ☐ Você dará tudo de si a Jesus, hoje?
- ☐ Passe algum tempo louvando e adorando a Deus.
- ☐ Hoje, ore por sua própria vida e pelo seu dia.
- ☐ Ore por sua família, pelos seus amigos e pelas autoridades.
- ☐ Ore pelas pessoas do mundo que ainda não são salvas.
- ☐ Pergunte a Deus se Ele deseja que você saia em uma viagem missionária nas próximas férias.
- ☐ Você tem o entusiasmo necessário para enfrentar os desafios do seu dia?

# Capítulo 10
# Como Conservar o Entusiasmo

E não vos conformeis com este mundo, mas transformai-vos pela renovação do vosso entendimento, para que experimenteis qual seja a boa, agradável e perfeita vontade de Deus.

Romanos 12.2

## Dia 1

## Soprando a Chama

**Por este motivo, te lembro que despertes o dom de Deus, que existe em ti pela imposição das minhas mãos. Porque Deus não nos deu o espírito de temor, mas de fortaleza, e de amor, e de moderação.**

2 Timóteo 1.6,7

Esta é uma simples passagem das Escrituras, porém está repleta de poder. Timóteo era um discípulo de Paulo, que tinha seguido a rota missionária e tinha viajado com ele. Paulo pregou a Timóteo, discipulou-o, educou-o, preparou-o, impôs as suas mãos sobre ele e o consagrou ao ministério.

Paulo tinha investido tanto em Timóteo, e o conhecia tão bem, que quando começou a ver alguns problemas, disse: "Timóteo, você perdeu o entusiasmo. Você o tinha! Eu sei que você o tinha. Eu o via em você. Agora, Timóteo, você precisa se levantar. Precisa soprar a chama!"

A *King James Version* diz que Paulo disse a Timóteo que despertasse o dom de Deus. Ele não lhe disse que pedisse que Deus despertasse o seu dom, ou que Deus soprasse a chama. Deus já havia posto o dom e o fogo dentro de Timóteo, mas estava esmorecendo, e ele apenas precisava alimentá-lo outra vez. Nós temos que nos esforçar para nos certificar de que o nosso fogo não se apague. Nós temos de nos certificar de que não nos estagnemos. Nós não devemos orar, "Senhor, dá-me mais fogo!" Ele já nos deu o fogo! Ele já colocou o dom em nós.

Eu me lembro de ter aprendido como acender o carvão para o churrasco, quando era adolescente. Porém, quando meu pai ou minha mãe o faziam, realmente parecia fácil. Eu pensava: "Você simplesmente borrifa o fluido do isqueiro sobre o carvão, e acende o fogo". Assim, eu borrifava aquele negócio, acendia e esperava voltar depois de aproximadamente meia hora e encontrar o carvão em brasa. Mas quando eu voltava e checava, o fogo estava apagado.

"Bem, é melhor acendê-lo outra vez". Então eu borrifava aquela coisa, acendia outra vez, voltava em meia hora — o fogo ainda não estava aceso. "Que coisa estúpida, o que há de errado com isso? Eu sei que estava ardendo quando saí". Assim eu ficava borrifando e acendendo, borrifando e acendendo.

É assim que somos? "Uau, nós temos o fogo! Rapaz, que culto nós tivemos!", é o que dizemos durante aproximadamente dez segundos depois do culto. Então nós vamos para casa, ligamos a TV e no dia seguinte perguntamos a nós mesmos o que aconteceu. Paulo disse: "Você precisa *soprar* a chama".

Depois de anos de prática, eu sei que você precisa soprar algum ar naquele carvão para alimentar o fogo e fazer com que ele fique cada vez mais forte e cada vez mais quente. Eu costumava pensar: *Você sopra o fogo, e ele se apaga*. Afinal, você sopra um fósforo e ele se apaga, não é assim? Mas, ao contrário, quando você sopra, o oxigênio alimenta o fogo.

Você nem quer colocar a carne na grelha, até que o carvão esteja vermelho e quente. Se você colocar a carne antes que ele esteja em brasa, o fogo provavelmente se apagará. Então a sua comida estará meio assada, e se você tentar soprar o fogo, apenas conseguirá espalhar cinzas por todos os lados. Isso é muito desagradável!

Eu me pergunto se é assim que nós somos, às vezes. Nós atravessamos a vida cristã "meio acesos". Então, quando nos encontramos em uma situação desesperadora, dizemos, "Oh, Deus, por favor, perdoe todas as vezes que eu não orei ou não li a Bíblia", e sopramos, e sopramos, e as cinzas começam a se espalhar por todos os lados. Parece com você?

Nós precisamos soprar esses carvões apaixonadamente, até que estejam quentes e brilhantes — até que tenhamos um fogo inflamado — e então, continuar soprando-os. Então, teremos o entusiasmo. Nós não temos apenas um pouco de experiência, nós temos um fervor interno brilhante que não morrerá. E as pessoas verão isso nos nossos olhos, na nossa aparência, e no nosso modo de vida.

Como você faz isso? Ore sem cessar e ouça o Espírito Santo sempre, especialmente quando se trata de desenvolver os dons e os talentos — espirituais e naturais — que Deus deu a você. O Espírito Santo é aquEle vento poderoso que mantém o fogo aceso. Ele é aquEle que mostra a você o que fazer e quando, com esses dons e talentos. Ficar próximo dEle é uma maneira essencial de conservar o entusiasmo.

Procure a brasa!

Que dons Deus colocou em sua vida, e que você precisa despertar?

______________________________

______________________________

______________________________

## LISTA DE TAREFAS:

- ☐ Hoje, leia João 13.
- ☐ Há algum pecado do qual você necessite se arrepender hoje?
- ☐ Você está agradecido porque Deus lhe perdoou?
- ☐ Você foi dissuadido de alguma parte do seu cristianismo?
- ☐ Você dará tudo de si a Jesus, hoje?
- ☐ Passe algum tempo louvando e adorando a Deus.
- ☐ Hoje, ore por sua própria vida e pelo seu dia.
- ☐ Ore por sua família, pelos seus amigos e pelas autoridades.
- ☐ Ore pelas pessoas do mundo que ainda não são salvas.
- ☐ Pergunte a Deus se Ele deseja que você saia em uma viagem missionária nas próximas férias.
- ☐ Você tem o entusiasmo necessário para enfrentar os desafios do seu dia?

# Como Conservar o Entusiasmo

## Dia 2

## A Comunhão com Deus

**A graça do Senhor Jesus Cristo, e o amor de Deus, e a comunhão do Espírito Santo sejam com vós todos. Amém.**

**2 Coríntios 13.14**

A oração é a comunhão, ou a conexão, com Deus. Eu me pergunto como é que muitas pessoas oram e nunca se conectam. Quantas pessoas realizam todos os rituais e nunca têm realmente uma comunhão? Para manter o entusiasmo, nós precisamos nos conectar com Deus.

O oposto de uma lâmina afiada é uma lâmina cega. Nós não queremos uma lâmina cega! A menos que você a afie com a oração, a lâmina ficará cega. O que você consegue fazer com uma lâmina cega? Pouca coisa! Você pode serrar durante horas e não cortar nada!

Algumas facas têm a propaganda de que nunca precisam ser afiadas. Eu comprei uma delas, pensando, *Rapaz, isso é ótimo — uma faca que nunca vou precisar afiar. Ela deve ser feita de algum aço sobrenatural, ou algo semelhante.* Mas agora, ela não corta nem manteiga! Eu tento cortar pão com ela, e ela despedaça tudo. O que me deixa louco é o fato de que comprei uma coisa tão inútil. Eles garantiam, mas quem guarda o certificado de garantia de uma faca que custa três dólares?

É assim que os cristãos são, às vezes. Nós pensamos que há algum tipo de garantia de que nós nunca ficaremos cegos. Não existe esta garantia! Você precisa afiar a lâmina — orar — todos os dias. O triste é que alguns de nós somos cegos, e nem sabemos disso. Assim, nós percorremos o nosso dia, e começamos a nos despedaçar. Despedaçar! Despedaçar! Despedaçar! Nós tentamos cortar o nosso dia com uma lâmina cega. Nós pensamos, *O que há de errado com esta faca? Eu não acredito que isso seja tão difícil*! Não há nada de errado com a faca — a lâmina simplesmente não está afiada. Nós não começamos o nosso dia com oração. Nós não tivemos comunhão com Deus nem entregamos tudo a Ele. Nós precisamos afiar a lâmina.

Outra coisa a respeito de uma faca: Se você começa a usá-la contra uma pedra, depois de algum tempo, ela fica cega. De vez em quando, você cortará alguma coisa, mas na maior parte do tempo, ela será inútil. Mas se você parar, virar a faca e começar a passá-la contra aquela superfície dura, o fio da lâmina será afiado.

Assim, muitas vezes nós apenas desejamos abrir caminho em meio aos duros desafios que enfrentamos. Mas se dissermos: "Espere um pouco, vou deixar esta coisa me afiar. Vou começar a orar. Vou encontrar a verdadeira resposta para este problema. Vou orar, até obter uma palavra de Deus". Então, BUM! Nós conseguimos vencer a dureza.

Deixe que os seus desafios lhe afiem. Quando você se afiar, conservará o entusiasmo!

Liste os seus pedidos de oração mais urgentes — as coisas mais difíceis que você está enfrentando agora — e dedique tempo para orar, até que Deus fale com você sobre elas.

## LISTA DE TAREFAS:

- ☐ Hoje, leia João 14.
- ☐ Há algum pecado do qual você necessite se arrepender hoje?
- ☐ Você está agradecido porque Deus lhe perdoou?
- ☐ Você foi dissuadido de alguma parte do seu cristianismo?
- ☐ Você dará tudo de si a Jesus, hoje?
- ☐ Passe algum tempo louvando e adorando a Deus.
- ☐ Hoje, ore por sua própria vida e pelo seu dia.
- ☐ Ore por sua família, pelos seus amigos e pelas autoridades.
- ☐ Ore pelas pessoas do mundo que ainda não são salvas.
- ☐ Pergunte a Deus se Ele deseja que você saia em uma viagem missionária nas próximas férias.
- ☐ Você tem o entusiasmo necessário para enfrentar os desafios do seu dia?

# Como Conservar o Entusiasmo

## Dia 3

### O Jejum

Jejuar significa abster-se completamente de comida, ou de certos tipos de comida, durante um período específico de tempo. Não se ouve muita coisa sobre jejum hoje em dia. Muitas pessoas pensam: *Jejuar é para velhos, ministros e monges.* Normalmente, as pessoas não gritam quando ouvem uma mensagem sobre jejum!

**E, quando jejuardes, não vos mostreis contristados como os hipócritas, porque desfiguram o rosto, para que aos homens pareça que jejuam. Em verdade vos digo que já receberam o seu galardão. Porém tu, quando jejuares, unge a cabeça e lava o rosto, para não pareceres aos homens que jejuas, mas sim a teu Pai, que está oculto; e teu Pai, que vê o que está oculto, te recompensará.**

**Mateus 6.16-18**

Observe que o texto diz, *quando* jejuardes, e não *se* jejuardes. Jesus espera que jejuemos. Ele não instruiu os seus discípulos, "Se você estiver por aí e for realmente super espiritual, tente jejuar". Ele espera que tornemos o jejum parte do nosso modo de vida. E não é algo que nós precisamos que toda a escola saiba. Quando você jejuar, prepare-se, banhe-se, e mantenha o assunto em particular, entre você e o Senhor. O seu Pai irá recompensá-lo.

Por que jejuamos? O jejum afia a lâmina. Ele nos humilha. Ele faz com que o seu clamor chegue a Deus. Quando você nega ao seu corpo as coisas que ele deseja todos os dias, a fim de obter a orientação de Deus, as Escrituras são iluminadas para você como nunca foram antes. O Espírito Santo lhe dará a resposta específica para o problema que parece impossível de solucionar. Você se separa do mundo e diz: "Senhor, eu não quero o pão deste mundo. Eu quero o pão que vem do céu".

Jejuar não é apenas ficar com fome. Algumas pessoas acompanham a maré, jejuando, mas não conseguem nada com isso. "Bem, eu jejuei apenas durante três dias". Se o seu objetivo era não comer, então foi isso o que você fez. Mas jejuar significa banquetear-se do pão que vem do céu. Você está dizendo a Deus: "Eu vou te buscar, com tudo o que há em mim. Senhor, eu estou deixando as coisas deste mundo e dedicando toda a minha atenção a ti, como nunca fiz antes".

Eu quero lhe dar uma advertência. Se você está planejando um jejum prolongado, antes disso peça a permissão do seu médico. Os adolescentes ainda estão em fase de crescimento, e precisam de muitos nutrientes. Se não for fisicamente seguro que você faça um jejum, abstendo-se de todos os tipos de alimentos, você poderá jejuar abstendo-se de certos tipos de alimentos de que você gosta particularmente, como, por exemplo, doces e refrigerantes.

Algumas vezes, um jejum pode ser uma das coisas mais difíceis de fazer. Você deve ser determinado! Mas com a determinação do Espírito Santo, nada lhe deterá, e você não apenas conservará o entusiasmo, como aumentará a unção na sua vida.

Você já jejuou?

Liste três coisas para as quais você precisa de respostas, e que só podem ser alcançadas através do jejum.

1.________________________________________

2._______________________________

3._______________________________

## LISTA DE TAREFAS:

- ☐ Hoje, leia João 15.
- ☐ Há algum pecado do qual você necessite se arrepender hoje?
- ☐ Você está agradecido porque Deus lhe perdoou?
- ☐ Você foi dissuadido de alguma parte do seu cristianismo?
- ☐ Você dará tudo de si a Jesus, hoje?
- ☐ Passe algum tempo louvando e adorando a Deus.
- ☐ Hoje, ore por sua própria vida e pelo seu dia.
- ☐ Ore por sua família, pelos seus amigos e pelas autoridades.
- ☐ Ore pelas pessoas do mundo que ainda não são salvas.
- ☐ Pergunte a Deus se Ele deseja que você saia em uma viagem missionária nas próximas férias.
- ☐ Você tem o entusiasmo necessário para enfrentar os desafios do seu dia?

# Como Conservar o Entusiasmo

## Dia 4

## Meditando na Palavra

**Porque toda carne [a humanidade] é como erva, e toda a glória (honra) do homem, como a flor da erva. Secou-se a erva, e caiu a sua flor; mas a palavra do Senhor (a instrução divina, o Evangelho) permanece para sempre. E esta é a palavra que entre vós foi evangelizada.**

**1 Pedro 1.24,25**

As Escrituras nos dizem que a Palavra de Deus permanecerá para sempre. As roupas que possuímos, os carros que dirigimos, as casas onde moramos, e até mesmo os nossos corpos físicos, tudo isso passará, mas a Palavra de Deus permanece para sempre. Para conservar o entusiasmo, nós devemos meditar sobre a Palavra de Deus todos os dias.

Há muitas maneiras diferentes de estudar as Escrituras. Você pode estudar a vida das pessoas da Bíblia, como Paulo, Timóteo, ou Davi. Você pode estudar os diferentes assuntos dos quais a Bíblia trata, como salvação, graça, perdão, cura ou submissão à autoridade.

Outra maneira muito poderosa é memorizar as Escrituras. Isso pode ser um novo conceito para você. Provavelmente você não faz isto desde a Escola Bíblica de Férias, mas um fogo não precisa apenas de oxigênio, precisa também de madeira. E a Palavra de Deus é o nosso combustível. Memorizando as Escrituras e refletindo sobre elas, você dá ao fogo mais combustível, para arder mais e ficar mais quente.

Uma coisa que eu lhe incentivo a fazer é procurar conhecer o caráter de Deus que está expresso nas Escrituras. É assim que você realmente vai conhecê-lo; conhecer o Senhor consiste em saber qual é o seu caráter. Pense sobre os seus amigos. Você tem alguns que são apenas conhecidos. Vocês se conhecem, se cumprimentam nos corredores, você até pode se sentar perto deles na aula ou no ônibus. Mas eles não são seus *melhores amigos*. Você não compartilha com eles os seus pensamentos mais profundos, as suas esperanças e sonhos. Você não os *conhece*, na verdade.

Quando você tem um amigo realmente bom, você o conhece muito bem. Se alguém o acusa de fazer o mal, você pode dizer, "Não, não, não. Ele nunca faria isso. Eu o *conheço*". Será que isso acontece porque você conhece apenas o nome dele? Não. É porque você conhece o seu caráter e a sua personalidade. Assim, como é que você o conhece tão bem? Não foi passando muito tempo com ele, fazendo coisas juntos, e sentando-se com ele e conversando sobre as coisas?

Algumas vezes, nós falamos sobre conhecer ao Senhor, mas parece que estamos apenas falando à toa! Você sabe como Deus é? Você conhece a sua personalidade, o seu caráter e a sua natureza? Você passa muito tempo estudando a sua Palavra, orando, falando e se mantendo em comunhão com Ele?

Você medita sobre a Palavra porque está em uma busca para conhecer a Deus! Ao ler a Bíblia, sempre diga, "Deus, dá-me o teu caráter. Explica-me como és, de que é que não gostas, e de que gostas. Eu quero *conhecer-te*". Conhecer a Deus é conhecer o seu caráter.

Quando você ler a Bíblia, pense sobre o que Deus fez, o que Ele disse, e por que Ele fez e disse essas coisas. Ele se revela pelas Escrituras. O seu caráter não tem o objetivo de ser um segredo profundo e sombrio. Ele *quer* que o conheçamos. E quando você lê sobre Jesus, Ele diz: "Quem me vê a mim vê o Pai". (Veja Jo 14.9.) Aquilo que você vê em Jesus lhe mostra como Deus é.

A meditação e o estudo da Palavra de Deus permitem que você conheça ao Senhor, e isto lhe dá o entusiasmo. A Palavra lhe traz vida, e você sabe que ela também trará vida a outra pessoa!

Quanto tempo você passa estudando a Palavra de Deus?

______________________________

______________________________

______________________________

______________________________

Liste três coisas que você deseja estudar na Bíblia.

1.______________________________

2.______________________________

3.______________________________

## LISTA DE TAREFAS:

- ☐ Hoje, leia João 16.
- ☐ Há algum pecado do qual você necessite se arrepender hoje?
- ☐ Você está agradecido porque Deus lhe perdoou?
- ☐ Você foi dissuadido de alguma parte do seu cristianismo?
- ☐ Você dará tudo de si a Jesus, hoje?
- ☐ Passe algum tempo louvando e adorando a Deus.
- ☐ Hoje, ore por sua própria vida e pelo seu dia.
- ☐ Ore por sua família, pelos seus amigos e pelas autoridades.
- ☐ Ore pelas pessoas do mundo que ainda não são salvas.
- ☐ Pergunte a Deus se Ele deseja que você saia em uma viagem missionária nas próximas férias.
- ☐ Você tem o entusiasmo necessário para enfrentar os desafios do seu dia?

# Como Conservar o Entusiasmo

## Dia 5

## Momentos Produtivos a Sós

**Como o cervo brama pelas correntes das águas, assim suspira a minha alma por ti, ó Deus!**

**Salmos 42.1**

Nós precisamos estudar a Palavra de Deus, orar, e passar tempo louvando e adorando a Deus, durante os nossos momentos a sós. Às vezes, nós entramos em uma rotina e fazemos as mesmas coisas da mesma maneira todos os dias, e isso pode ficar monótono. Se você se entedia com alguma coisa, é menor a probabilidade de que você goste dela. Nós podemos ter momentos criativos com Deus, de modo que os nossos momentos a sós não sejam monótonos, mas permaneçam frescos e renovados. Você terá brasas e carvões novos para colocar no seu fogo, de diferentes maneiras.

Em primeiro lugar, ore pedindo coisas diferentes. Não percorra automaticamente a sua lista de orações, "eu oro por isso, isso e isso. Bem acabei!" Ore de maneira específica, e ore por coisas que não beneficiarão você especificamente. Ore pedindo que Deus abençoe outras pessoas. Ore pelo ministério de outra pessoa, pelo grupo de jovens de outro colega, pela igreja de outra pessoa, e pelos problemas de outra pessoa.

Você ficará surpreso com o que começará a acontecer na sua própria vida quando o seu tempo de oração consistir de mais do que a sua pequena lista de pedidos. É hora de conhecer a Deus e de permitir que Ele desperte o seu coração para os outros.

Em segundo lugar, tenha momentos criativos de adoração. Para mim, a adoração é a essência do nosso encontro com Deus.

**Entrai pelas portas dele com louvor e em seus átrios, com hinos; louvai-o e bendizei o seu nome.**

**Salmos 100.4**

Há uma única maneira de entrar nos átrios do Senhor, e é com agradecimentos e louvor. Não é oferecendo um sacrifício de bodes e ovelhas, mas é com o sacrifício do louvor. Antes que Jesus viesse ao mundo, a única maneira de os sacerdotes entrarem no Santo dos santos era oferecer certos sacrifícios de animais. Mas Jesus é o nosso sacrifício. A obra que Ele realizou na cruz foi feita para que nós pudéssemos entrar na presença de Deus, sempre que quisermos e onde desejarmos.

Tenha momentos sinceros de adoração criativa. Nunca cante um louvor apenas por cantar. Não permita que ele saia apenas de seus lábios, e não do seu coração. Cante louvores que despertem o seu coração e inspirem a sua alma — e cante-os para Jesus. Leia alguns dos salmos para o Pai como se você os tivesse escrito para Ele.

Eu mal posso esperar por um culto de adoração no céu. Apocalipse 4 nos conta sobre os vinte e quatro anciãos prostrados diante do trono de Deus. Eles estão tão maravilhados com a presença de Deus, que nem mesmo podem se levantar. Eles são tão assombrados que não conseguem dizer nada além de "Santo, santo, santo..." durante o primeiro milhão de anos!

Encontre maneiras de estudar a Palavra de Deus de modo diferente. É como nós conversamos ontem — você pode estudar assuntos, temas, e pessoas, mas o seu objetivo supremo é descobrir quem é Deus e qual é o seu caráter. Se não sabe o que estudar, peça que o Senhor mostre a você.

Liste três coisas pelas quais você *nunca* orou antes.

1.________________________________
2.________________________________
3.________________________________

Que cânticos estão realmente cativando o seu coração hoje? Cante-os para Jesus.

__________________________________
__________________________________
__________________________________

Liste três assuntos da Bíblia que você nunca estudou. A seguir, escolha um deles para estudar.

1.________________________________
2.________________________________
3.________________________________

## LISTA DE TAREFAS:

- ☐ Hoje, leia João 17.
- ☐ Há algum pecado do qual você necessite se arrepender hoje?
- ☐ Você está agradecido porque Deus lhe perdoou?
- ☐ Você foi dissuadido de alguma parte do seu cristianismo?
- ☐ Você dará tudo de si a Jesus, hoje?
- ☐ Passe algum tempo louvando e adorando a Deus.
- ☐ Hoje, ore por sua própria vida e pelo seu dia.
- ☐ Ore por sua família, pelos seus amigos e pelas autoridades.
- ☐ Ore pelas pessoas do mundo que ainda não são salvas.
- ☐ Pergunte a Deus se Ele deseja que você saia em uma viagem missionária nas próximas férias.
- ☐ Você tem o entusiasmo necessário para enfrentar os desafios do seu dia?

# Como Conservar o Entusiasmo

## Dia 6

### Defina Objetivos Pessoais

Para conservar o entusiasmo, você precisa estabelecer alguns objetivos pessoais. Que tipo de homem ou mulher você deseja ser? Alguns cristãos dizem: "Bem, eu apenas quero ser como Jesus. Eu quero ter a presença de Deus em todas as áreas da minha vida". Ótimo! Agora, como isso se traduz em termos práticos?

Defina objetivos pessoais. Pense em como você deseja ser dentro de seis meses, um ano, ou cinco anos. Então faça planos para concretizar seu objetivo. Imagine o que será necessário para levá-lo a este ponto. Talvez você esteja no Ensino Médio agora, e deseje estar na faculdade dentro de cinco anos. Você precisa começar pedindo a Deus que mostre a você onde Ele quer que você vá, examinando as faculdades e universidades, e vendo o que elas têm a oferecer. Não espere pelo dia da sua formatura para dizer, "Faculdade? Oh, sim, é isso o que eu quero fazer".

Alguns dos seus objetivos pessoais podem ser coisas como: "Eu quer ler certo número de livros. Eu quero ler a Bíblia determinado número de vezes. Eu quero passar algum tempo em oração todos os dias". Estes também podem ser os resultados que você deseja alcançar, e não apenas as coisas que você quer fazer. Defina os seus objetivos em termos de resultados, e a seguir descubra as coisas que você precisa fazer para obter esses resultados.

Prepare uma lista de desejos com objetivos muito específicos e realistas. "Eu quero ter a compaixão de Jesus". Muitas vezes, nós definimos objetivos que são impossíveis, como "eu quero jejuar todas as sextas-feiras durante o resto da minha vida, e ter um encontro para oração durante toda a noite, três vezes por semana. A seguir nós nos sentimos mal porque não conseguimos cumpri-los. Assim, defina alguns objetivos realistas, e decida que irá realizá-los, custe o que custar.

Depois de definir os objetivos, frequentemente nós aparecemos com desculpas sobre o motivo pelo qual não conseguimos cumpri-los. Não deixe que isso continue impedindo você. Se você precisa de uma Bíblia nova para estudar, vá e compre uma. Se você precisa de ferramentas de estudo, como outros livros e fitas, vá e os consiga. Mas se você vai gastar dinheiro nestas coisas, certifique-se de que as usará. Não compre todas estas coisas para deixá-las em um armário, juntando poeira!

Os norte-americanos são conhecidos por definir objetivos e conseguir o material que os ajude, e depois não seguir adiante. VOCÊ TEM QUE SEGUIR ADIANTE! No início de cada ano, as pessoas tomam resoluções de fazer exercícios, entrar em forma e perder peso. Elas gastam toneladas de dinheiro em centros de saúde, academias de ginástica e equipamento para se exercitar em casa. Elas pensam, *eu estou realmente comprometida, porque estou gastando este dinheiro*. Em geral, isso dura algumas semanas, ou talvez alguns meses. Mas quando o inverno se aproxima, grande parte do equipamento para ginástica está sem uso, abandonado em um cômodo da casa.

O mesmo acontece quando você define objetivos espirituais. Você pode ter todas as Bíblias, livros, CDs e DVDs que conseguir imaginar, mas a menos que use todo este material, isso não lhe fará nenhum bem. Quando você definir um objetivo, endureça o seu rosto, procure o caminho mais longo e faça com que o objetivo seja alcançado! Assim você conservará o entusiasmo!

Liste três pequenos objetivos que você deseja alcançar.

1.______________________________

2.______________________________

3.______________________________

O que você planeja fazer para que eles se tornem realidade?

________________________________

________________________________

________________________________

Liste três grandes objetivos os quais você deseja alcançar.

1.______________________________

2.______________________________

3.______________________________

O que você planeja fazer para que eles se tornem realidade?

________________________________

________________________________

________________________________

## LISTA DE TAREFAS:

- ☐ Hoje, leia João 18 e 19.
- ☐ Há algum pecado do qual você necessite se arrepender hoje?
- ☐ Você está agradecido porque Deus lhe perdoou?
- ☐ Você foi dissuadido de alguma parte do seu cristianismo?
- ☐ Você dará tudo de si a Jesus, hoje?
- ☐ Passe algum tempo louvando e adorando a Deus.
- ☐ Hoje, ore por sua própria vida e pelo seu dia.
- ☐ Ore por sua família, pelos seus amigos e pelas autoridades.
- ☐ Ore pelas pessoas do mundo que ainda não são salvas.
- ☐ Pergunte a Deus se Ele deseja que você saia em uma viagem missionária nas próximas férias.
- ☐ Você tem o entusiasmo necessário para enfrentar os desafios do seu dia?

# Como Conservar o Entusiasmo

## Dia 7

### Transformar o Mundo

Como cristãos, nós estamos em um ministério de tempo integral, todos os segundos de cada dia. Nós somos chamados para transmitir o evangelho.

Você influenciará as pessoas mais próximas, como a sua família e os seus amigos, mas você pode se sentir chamado para ser um dos dons de ministério, listados em Efésios 4.11: um apóstolo, um profeta, um evangelizador, um pastor ou um mestre — para sair para o mundo.

Comece onde você estiver, agora mesmo. Eu ouço jovens que dizem: "Bem, eu daria testemunho aos meus amigos, mas realmente me sinto chamado para ir à Rússia". Deus pode tê-lo chamado para outro país, mas neste instante Ele colocou você na sua escola, na sua comunidade, e com os seus amigos, por um motivo. Prove ser fiel hoje, para que Deus possa enviá-lo amanhã.

Você não terá que esperar até ser um adulto para servir. Talvez você pense que é jovem demais, e não sabe muito sobre o Senhor. Talvez você sinta que ainda não tem o entusiasmo. Às vezes, você age como se não tivesse nada na cabeça, mas tudo bem! Deus pode usá-lo, se você estiver disposto. Ele não está procurando alguém com grande talento, ou alguém que tenha memorizado toda a Bíblia. Ele está procurando alguém exatamente como você — disposto a transformar o mundo, obedecendo à sua Palavra e ao seu Espírito.

Cada vez mais adolescentes participam de viagens missionárias todos os anos. Cada vez mais adolescentes estão dizendo: "Estou cansado do fato do meu mundo girar *em torno de mim*. Quero fazer alguma coisa pelos outros, ser altruísta e abnegado por amor ao evangelho de Jesus Cristo. Quero ver vidas dramaticamente transformadas". Isso é o que você também está pensando?

**E Pedro começou a dizer-lhe: Eis que nós tudo deixamos e te seguimos. E Jesus, respondendo, disse: Em verdade vos digo que ninguém há, que tenha deixado casa, ou irmãos, ou irmãs, ou pai, ou mãe, ou mulher, ou filhos, ou campos, por amor de mim e do evangelho, que não receba cem vezes tanto, já neste tempo, em casas, e irmãos, e irmãs, e mães, e filhos, e campos, com perseguições, e, no século futuro, a vida eterna.**

**Marcos 10.28-30**

Quando senti que o Senhor queria que eu estivesse no ministério, eu me lembro de ter orado: "Deus, eu não quero ser apenas outro pregador. Já há muitos pregadores! Pregadores nas rádios, pregadores na TV, pregadores fazendo isso, pregadores fazendo aquilo — apenas outro pregador?" Deus falou ao meu coração: "Não seja apenas outro pregador".

O que torna você diferente é o entusiasmo. Você é radical sobre o evangelho, e radical por Jesus. Mais do que tudo no mundo, você deseja ver os corações das pessoas voltados para Deus, e transformados para sempre.

Você pode passar algum tempo aprendendo estratégias, planos e programas, mas sem o entusiasmo, você não tem nada. Quer você seja um ministro nesta nação ou em outra, se não tiver entusiasmo, você apenas terá muitas atividades, sem nenhum ministério real. Eu acredito que Deus deseja que nós tenhamos uma determinação do

Espírito Santo, para buscarmos o entusiasmo, como fez Jacó: "Não ouses sair daqui sem me abençoar! Eu não posso deixar que partas sem que me abençoes!"

Você se sente chamado para servir fora da sua escola e da sua comunidade?

Há uma parte do mundo à qual você se sente atraído? Em caso afirmativo, onde?

________________________________________

O que você está fazendo para se preparar? Você está aprendendo a cultura e o idioma?

________________________________________

________________________________________

________________________________________

Como você está transmitindo o evangelho na sua escola e na sua comunidade?

________________________________________

________________________________________

________________________________________

## LISTA DE TAREFAS:

- ☐ Hoje, leia João 20 e 21.
- ☐ Há algum pecado do qual você necessite se arrepender hoje?
- ☐ Você está agradecido porque Deus lhe perdoou?
- ☐ Você foi dissuadido de alguma parte do seu cristianismo?
- ☐ Você dará tudo de si a Jesus, hoje?
- ☐ Passe algum tempo louvando e adorando a Deus.
- ☐ Hoje, ore por sua própria vida e pelo seu dia.
- ☐ Ore por sua família, pelos seus amigos e pelas autoridades.
- ☐ Ore pelas pessoas do mundo que ainda não são salvas.
- ☐ Pergunte a Deus se Ele deseja que você saia em uma viagem missionária nas próximas férias.
- ☐ Você tem o entusiasmo necessário para enfrentar os desafios do seu dia?

# Conclusão

É hora de você se levantar e fazer a sua parte, para que a sua geração revolucione este mundo a favor de Jesus Cristo! Você não pode depender dos seus pais, dos seus amigos, e nem mesmo da sua igreja, para se conectar com Jesus e conservar o entusiasmo. Sim, estar ativo na igreja, ter bons amigos cristãos e manter uma vida de oração e estudo da Bíblia na família são atitudes que lhe ajudarão. Mas você deve conservar o seu relacionamento com Jesus Cristo novo e fresco, todos os dias, e se recusar a ser influenciado pelas pessoas, emoções, ideias ou situações que tentarão lhe afastar de Deus.

Você não será apenas um cristão *normal*. Você será um cristão *radical*. Você sabe que Deus lhe chamou para ser diferente. Ele lhe separou para o seu propósito e plano divino. Ele lhe chamou para mostrar ao mundo o tesouro — Jesus — que está dentro de você. Deus deu a você todas as ferramentas de que você precisará para realizar isso: dons espirituais e naturais, vocação, a medida da fé, o poder e a autoridade do Espírito Santo e da Palavra.

Você não vacilará mais, dando um passo para frente e um passo para trás, oscilando entre ser um cristão mental e um cristão radical, porque você vivenciou a presença de Jesus de uma maneira muito real. Você teve de fazer a si mesmo algumas perguntas muito sérias e, às vezes, dolorosas, durante as últimas dez semanas. Eu espero que você tenha respondido a cada uma delas de maneira honesta, e tenha derramado o seu coração diante de Deus. Se você fez isso, então poderá dizer agora: "Jesus é REAL. Eu comprometi cada área da minha existência com Ele. Eu agradeço a Deus por ter sido perdoado, e comprometo a minha vida com a tarefa de servi-lo e derrotar o pecado, o Diabo e todo o materialismo. A minha paixão por alcançar o mundo está se tornando frenética, e EU ESTOU VIVENDO DE MANEIRA RADICAL PARA JESUS!

## Sobre o Autor

Ron Luce é o presidente e o CEO da organização *Teen Mania Ministries*, um ministério de alcance nacional voltado para jovens, sediado em Garden Valley, no estado do Texas. Esta organização construiu ali um *campus* onde os jovens são treinados para desafiar o mundo. As expedições globais Teen Mania levam os jovens a outros países além mar em projetos de missões de curta duração. No verão de 1997 cerca de 3.000 adolescentes foram a 19 países diferentes e presenciaram com alegria, ocasiões em que mais de 122.000 pessoas passaram a conhecer ao Senhor. Até o ano de 1997 estes grupos já tinham visitado 35 países diferentes, testemunhando felizes ocasiões em que mais de 384.000 pessoas entregaram sua vida a Jesus Cristo. Eles também discipulam e treinam outros adolescentes através de um programa que tem a duração de um ano, que é intitulado "Teen Mania Honor Academy".

Ron Luce também coordena congressos de jovens que se realizam em todas as partes dos Estados Unidos. Estas reuniões são intituladas "*Aquire the Fire*" ("*Receba o Fogo*"). Mais de 130.000 adolescentes são alcançados a cada ano através destes eventos, que consistem em um fim de semana onde os jovens vivem radicalmente como cristãos. Neste ambiente, paredes gigantescas são transformadas em telas para filmes, músicos cristãos tocam cânticos de adoração ao Senhor ao vivo, além de peças cristãs e apresentações cômicas, e efeitos pirotécnicos. O programa que Ron apresenta semanalmente na TV também é intitulado *"Aquire the Fire"* (*"Receba o Fogo"*), e é transmitido pela Trinity Broadcasting Network.

Ron também já participou de programas como "700 Club", TBN, além do programa de rádio do Dr. James Dobson, intitulado *"Focus on the Family"* (*"A Família em Foco"*). Ele é o líder de louvor de quatro álbuns gravados pela Teen Mania. Ron já foi o pregador convidado em cultos de várias igrejas, além de escolas e universidades cristãs por toda a América, e em muitos congressos de jovens, incluindo eventos de Kenneth Hagin como *Campmeeting, Youth America, Youth for the Nations*, e *Washington for Jesus*.

Sobre o Autor

Criado em um lar desmoronado, e tendo sofrido por muitos anos os efeitos devastadores do abuso do álcool e das drogas, Ron fugiu de casa aos quinze anos de idade, e teve o seu primeiro encontro com o Senhor Jesus aos dezesseis. Ele perseverou e lutou na vida até conseguir o seu título de Bacharel em Artes, em Psicologia e Teologia pela Oral Roberts University, e o seu título de Mestre em Artes em Aconselhamento Psicológicopela University of Tulsa. Ron e sua esposa Katie têm três filhos: Hannah, Charity e Cameron.

Para contatar Ron Luce e a organização Teen Mania Ministries,
Por favor escreva para:

P.O. Box 2000
Garden Valley, Texas, 75771-2000

Parecidos com Cristo
Coisas que Rapazes e Moças Precisam Saber
Adolescentes S/A
Ciro Sanches Zibordi
CPAD
Adolescentes S/A
Ciro Sanches Zibordi
Entre os temas de sempre (pode X não pode, cantadas), o autor comenta os mais recentes (AIDS, drogas, homossexualismo, blogs, entre outros). Dividido em quatro partes, o livro aborda o relacionamento afetivo, o relacionamento com o mundo, o relacionamento com a família, e o mais importante: o relacionamento com o Criador. Escrito em forma de diálogo para você ficar inteirado com seu mundo jovem, mas de acordo com a vontade de Deus.
Cód.: 108800 / 14x21cm / 208 páginas
CPAD
www.cpad.com.br